目錄

目錄

鐘鳴鼎食　酒樓食肆
異域風味　皇家御宴
從筷頭春秋到八大菜系
品味千年飲食精華

糧心記

Dietary Culture of China

食文化的歷史與現代對話

過常寶 主編　周海鷗 著

由古代飲食習俗至現代飲食文化
從宮廷御宴到民間小吃，再從地方菜系到民族飲食
以細膩筆觸和豐富知識，為讀者呈現一幅繽紛多彩的食文化畫卷

食物承載著人類的情感與記憶
是連接過去和未來的橋梁

不僅是一次味蕾的旅行，更是一場深入中國文化底蘊的探索之旅

目錄

第一章　筷頭春秋

第一節　鐘鳴鼎食

茹毛飲血

遠古時代，在人工取火發明以前，人類的食物是指自然界中一切以自然形態，能夠被人吃下的東西。《禮記．禮運》中說：

「昔者先王，未有宮室，冬則居營窟，夏則居橧巢。未有火化，食草木之實、鳥獸之肉，飲其血，茹其毛。」

那時的人們餐風露宿，吃野果、生肉，飲泉水、獸血，進食的意義只是在於獲得生存。後來傳說中出現了一位聖人，叫做「有巢氏」，《韓非子．五蠹》中描述他「搆木為巢，以避群害」，為人類初步解決了居住問題，並使得人們的住所避免受到野獸的侵害。

不僅於此，《三墳書》裡記載：「有巢氏生，俾人居巢穴，積鳥獸之肉，聚草木之實。」這就是說，有巢氏還教會人們獵取獸肉，採集果實。

一般認為，有巢氏的時代屬於舊石器早期，那時雖然沒有發明人工取火，但是雷電或林莽自然的山火，仍然為人們提供了品嚐熟食的機會。

大火過後，燒熟的獸肉和膨爆的堅果，散發出誘人的焦香，所以也有記載把「燒烤」和「膨爆」看作是最初的烹調。

而熟食的意義不只在於美味，更重要的是它促進了身體對於食物養分的吸收，減少了生食中細菌的侵害，從而增強了人們的體質。

後來，人們開始逐步嘗試利用自然火，並試圖儲存、控制火種。同時，火對於生產工具的進化，也帶來了有力推動的作用。

舊石器時代晚期，出現了人工取火。《韓非子．五蠹》中說：「上古之世，民食果蓏蚌蛤，腥臊惡臭而傷害腹胃，民多疾病。有聖人作，鑽燧取火，以化腥臊，而民說之，使王天下。號之曰『燧人氏』。」

燧人氏就是傳說中鑽木取火的聖人，他的這一段傳說，在《古史考》中另有記載：「古者茹毛飲血，燧人氏鑽火，始裹肉而燔之，曰炮。」

此處的「炮」是一種燒烤方法，指用泥漿塗抹並包裹住獸肉，然後將其丟進火中燒烤。烤熟後剝去泥殼時，野獸的毛也就一併去除了，同時食物也是皮酥肉嫩。後世的「叫化雞」，就是古時「炮」法技藝的延續。

人工取火的發明，使人們完全告別了茹毛飲血、生吞活剝的飲食方式，正式進入了熟食時代。

熟食時代的來臨，被視為人類飲食文化的起點。

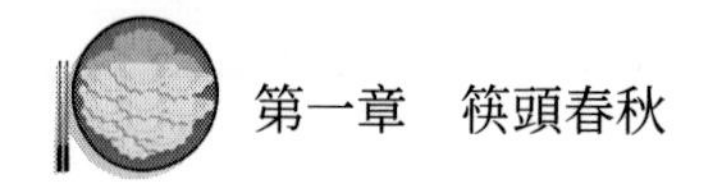

石烹陶烹

人工取火發明以後，人們逐漸掌握了用火技術，食物的範圍和烹飪的方法都隨之多樣。

《禮記·禮運》將遠古的烹飪方法列為炮、燔、亨（即烹）、炙四種。其中，炮是將食物包裹後在火上燒烤，燔和炙都是將食物直接在火上燒烤。這三種方式都不需借助烹飪器皿，其物件也往往是動物或植物。

隨著原始農業的發展，穀物成為新的食材，而穀物的烹飪，需借助容器來完成，於是「烹」這種方法應運而生。

最早的穀物烹飪方法是石烹，即用石料，如石板、石塊、鵝卵石等，作為傳熱介質焙熟食品。

石烹的方法大致有兩種，一種是將石板或石塊作為盛器，上面放置穀粒，下面用火加熱，直至焙熟。

現今流傳於陝西、山西、山東等地的石子饃、乾饃、沙子餅等，就是沿用這種石烹方式。其做法是將洗淨的鵝卵石子放在平鍋裡燒熱，把餅坯放在石子上，另在餅上再鋪一層燒熱的石子，用上下石子對熱的方式將餅焙熟。餅熟之後凹凸不平的形態，有著特別的石子焙熟的特徵。

另一種石烹的方法是利用熱石的溫度煮熟食物，將鵝卵石燒到極熱，取燒熱的石子投入盛有食物的水中，使水沸騰並將

食物煮熟。

雲南古老的土著民族，布朗族的一道名菜「卵石鮮魚湯」，採用的就是這種方法。

隨著對火的不斷運用，原始人類發現黏土經過火燒，可以變得堅硬，不再散開，形狀也可以隨需求而定，而且燒製的成物不會漏水和變形。

於是，人們嘗試著用樹枝或藤條編製成各形框架，然後在上面塗抹厚厚的黏土泥漿，待風乾後放入火中燒製，燒好後就製成了一個堅硬的土罐。

自此，原始的陶器產生了，這是人類改造自然物的一次偉大嘗試。陶器的出現，是舊石器時代過渡到新石器時代的一個顯著記號。

有傳說將陶器的產生連繫到古帝王神農氏，神農氏和伏羲氏是繼燧人氏之後的兩位聖人。

〈三皇本紀〉記載，伏羲氏「結網罟以教佃漁，養犧牲以充庖廚」，認為伏羲氏創立了漁業和畜牧業，這就使人們的食物種類拓展到捕撈的魚蝦和馴養的家畜。

而神農氏則被認為是農業的開創者，他不僅遍嘗百草，還教人們播種五穀。《通志．三皇紀》中載：「炎帝神農氏起於烈山……民不粒食，未知耕稼，於是因天時，相地宜，始作耒耜，教民藝五穀。故稱之『神農』。」

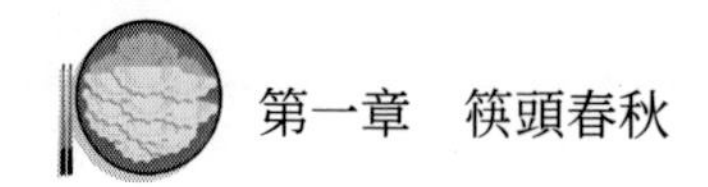

《太平御覽》引《周書》佚文「神農耕而作陶」，認為神農氏在開創農業的基礎上，又發明了陶器。

農業和畜牧業的發展，改變了原始人群「飢則求食，飽則棄餘」的生活狀況，使人們逐漸開始了定居生活，進而也開始尋求食物的儲存之道和烹飪方法的改進。

陶器作為一種烹飪容器和盛器的出現，一方面使得穀物的儲存和水的移動都成為可能，為人們拓展了更為廣闊的生活空間；另一方面，作為炊具和餐具，陶器的使用徹底改變了先前時代「燔黍捭豚，汙尊而抔飲」（《禮記．禮運》）原始落後的飲食狀況，並為新烹飪方法的產生提供了條件。在火燔石烹之後，煮、蒸等陶烹方法紛紛出現了。

據三國時譙周的《古史考》記載，「黃帝作釜甑」，並有「黃帝始蒸穀為飯，烹穀為粥」之說，將「飯」和「粥」兩種食物的產生劃入黃帝時代。

「釜」和「甑」都是最早出現的陶製炊具，也最為常用。二者的區別在於：「釜」為斂口圓底的罐子，類似於鍋，底部無足，為煮食所用；「甑」底部有許多小孔，為蒸食所用。

「飯」和「粥」都以去殼的穀物為食材，加水加熱而成。「粥」是在陶器內盛水，放入穀物，在下面直接燒火煮熟，「煮」也是最早利用炊具熟化食物的方法。

比此更進一步的是，「飯」的烹製已經開始運用蒸汽導熱的原理。陶甑底部的小孔好比蒸屜，人們在陶甑的下面放置一個盛水的器皿，並在其下生火，利用沸水產生的蒸汽，穿過陶甑底部的小孔，進而將食物蒸熟。

陶製炊具和容器的發展，也為發酵類食品的產生創造了條件。此後，釀酒、製醢、製醯（醋）等食物製作工藝也都隨之產生了。

陶器的產生和陶烹的運用，是人類飲食史發展的一次進步，對人們生活方式的影響意義深遠。

列鼎而食

製陶業在新石器時期發展了數千年，其製作工藝日趨完善，並為金屬鑄造業的產生創造了條件。

到了夏商時期，青銅器出現了。周朝時期青銅文化發展到鼎盛。與此同時，社會開始出現階級差異，人類發展步入奴隸社會。

比陶製食器、青銅食器堅固耐用，不易破損，而且造型美觀，做工精巧，既兼具石器和陶器的優點，也彌補了二者的不足，廣為權貴階層所使用。

這一時期的青銅食器分工精細，種類眾多，包括了烹調器，如鼎、敦；切割器，如刀、俎；盛食器，如簋、盤；取食器，如箸、勺；盛酒器，如尊、卣；飲酒器，如爵、角；盛水器，如盆、缶等。其造型端莊，紋飾華美，可見當時青銅文明的發達。

雖然如此，由於青銅造價昂貴，得之不易，加之製作工藝複雜，在當時並沒有成為大眾百姓的生活器皿，陶器在人們的生活中依然盛行。

而青銅器皿也僅為統治階級所專享，逐漸帶有了等級之分，成為階級、權力和地位的象徵，並由最初的食器發展為祭祀的禮器和傳國重器。

鼎是最早出現的青銅食器之一，許慎在《說文解字》裡形容鼎「三足兩耳，和五味之寶器也」。早期的鼎是黏土燒製的陶鼎，夏商時期出現了用青銅鑄造的銅鼎，其形狀有三足圓鼎，也有四足方鼎。

鼎最初被作為煮肉的食器，後來逐漸演變為祭祀專屬的禮器，用以祭天祀祖，並作為貴族死後的隨葬品之一。

據先秦典籍記載，夏初時期，大禹劃分天下為九州，各州牧向大禹貢金（即青銅）鑄鼎，禹收九牧之金鑄九鼎，並將九州的名山大川、奇珍異物鐫於九鼎之身，以一鼎象徵一州，將九鼎集中於夏朝都城。

禹鑄九鼎的傳說，使後來「九州」演繹成為國家和天子權力的象徵。鼎也因體積龐大、材質厚重、不易移動等特點，逐漸演化為象徵國家政權的傳國重器。

《周禮》中記載「夫禮之初，始諸飲食」。西周時期，人們的飲食習俗表現出了更多的禮儀和社會等級的差別。何休注《公羊・桓公二年傳》中有「天子九鼎，諸侯七，大夫五，元士三」之說。這一按照禮制而定的列鼎制度，對不同地位等級的人所使用食器的數目，都有著明確的規定。

作為統治階級專屬的青銅食器，其演化為禮制的展現，被用以「明尊卑，別上下」，承載了特殊的意義，這就是所謂的「藏禮於器」。

隨著生產力水準的提高，統治階級的生活開始窮奢極欲，飲食也由基本的溫飽過渡到追求食禮文明。

這一時期，禮制日益成熟，除了食器，樂器也被作為禮器之一。上層階級貴族在飲宴的時候，常常要擊鐘奏樂，供食者享樂，並列鼎盛放珍饈百味，場面極為豪華鋪張。

司馬遷在《史記・貨殖列傳》中說：「灑削，薄技也，而郅氏鼎食……馬醫，淺方，張里擊鐘。」張衡的〈西京賦〉也有「擊鐘鼎食，連騎相過」之說。後來王勃在〈滕王閣序〉中寫道「閭閻撲地，鐘鳴鼎食之家。」

所謂的鐘鳴鼎食，作為封建食禮的代表性場景，自周朝始，奠定了此後數千年中國上層社會的飲食文化基調。而作為封建禮制的發端，其內涵已經遠遠超越了飲食本身。

食不厭精

先秦時期飲食文化的另一大進步，就是出現了有關烹飪、食禮的著作，其中有呂不韋編著的《呂氏春秋．本味》、《黃帝內經》，以及《論語》中孔子有關飲食的言論紀錄等，這些著作首次將中國飲食文化上升到了理論高度。

《呂氏春秋》為秦相呂不韋組織門客編纂而成，其中有中國烹飪史上最早的理論文字。如〈本味〉篇，以「伊公說味」的故事，對飲食的選料、調味、火候等做了專門的論說，提出了著名的「三材五味」論，並列舉了當時的天下美食。這篇文字是對先秦時期的飲食烹飪經驗進行的首次文字總結。

《黃帝內經》是中國最早的醫學典籍，其中也包含了大量關於食養食療的論述，反映了中國古代樸素的飲食養生觀念。

全書以探究人與天地自然萬物的關係為核心，總結了五味調和、養助益充、飲食有節、醫食同源等食養食療的理論，闡釋了中國古代飲食養生文化的內涵。

其中，〈素問〉篇提出：「五穀為養，五果為助，五畜為益，五菜為充，氣味合而服之，以補精益氣。」這種食養模式，確立了幾千年來中國人的健康飲食結構。

作為儒家學說的代表，孔子的飲食觀自成體系，涉及飲食禮儀、烹飪技術、飲食原則等諸多方面。

孔子的飲食理論多是與食禮相關的，在《論語．鄉黨》篇中，其名句「食不厭精，膾不厭細」，講的就是祭祀食物製作的規矩。這兩句話的意思是說，加工食品一定要精細、潔淨，糧食要舂得越精越好，肉要切得越細越好，這樣才符合儀式的莊重。

孔子還提出了出現了十三個「不食」的論述，即：

「食饐而餲，魚餒而肉敗，不食。色惡，不食。臭惡，不食。失飪，不食。不時，不食。割不正，不食。不得其醬，不食。肉雖多，不使勝食氣。惟酒無量，不及亂。沽酒市脯不食。不撤薑食。不多食。祭肉不出三日，出三日不食。食不語。」

這些主張基於封建食禮的要求，從食物的衛生、品質、色味、烹飪、餐時和用餐行為等方面，提出了特定的飲食標準。

夏商周時期，是中國飲食文化的萌發期和成形期。從遠古時代走出的人們，經歷了茹毛飲血到鐘鳴鼎食，火燔石烹的粗陋到五穀六畜的豐盛，其間飲食文化的發展方式也從自然過渡到了自覺。此後，人們開始了漫長的尋味之旅。

第二節　酒樓食肆

皇家御宴

戰國時期，屈原的《楚辭》作為楚地文化的代表，其瑰麗的文字之下，也呈現給後世大量的飲食資料。其中〈招魂〉一節，為悼念楚懷王而作，文章備陳華宮美食，以召促其魂靈歸來。

這段描寫楚宮盛宴的文字，也成為中國最早的一份文字記錄的宴席食單。其辭曰：

「室家遂宗，食多方些。稻粢穱麥，挐黃粱些。大苦鹹酸，辛甘行些。肥牛之腱，臑若芳些。和酸若苦，陳吳羹些。胹鱉炮羔，有柘漿些。鵠酸臇鳧，煎鴻鶬些，露雞臛蠵，厲而不爽些。粔籹蜜餌，有餦餭些。瑤漿蜜勺，實羽觴些。挫糟凍飲，酎清涼些。華酌既陳，有瓊漿些。」

大意是說，家族聚居在一堂，飯菜吃法真多樣。稻米小米和麥類，裡面還要摻黃粱。有苦有鹹又有酸，辣的甜的都用上。肥牛宰了抽蹄筋，燒得爛熟噴噴香。調些酸醋和苦汁，擺上吳氏風味湯。紅燒甲魚烤羔羊，拌上一些甘蔗漿。酸味天鵝炒野鴨，又煎大雁又烹鶬。醬汁滷雞燜海龜，味道雖濃味不傷。油炸蜜餅和甜糕，澆上一層麥芽糖。名酒甜酒數不盡，你斟我酌注滿觴。瀝去酒糟再冰鎮，醇酒清心又涼爽。華筵已經擺列好，杯杯美酒如瓊漿。盼你趕快回老家，敬你一杯理應當。參考上海古籍出版社《楚辭譯註》。

這段文字記載了一次楚國盛宴的菜餚和酒飲，其中主食為稻米、小米、麥子、黃粱；肉食為牛蹄筋、燒甲魚、烤羔羊、烹天鵝、炒野鴨、煎大雁、醬滷雞、燜海龜等；羹湯為吳羹；點心為炸蜜餅、炸饊子等；飲品為甘蔗漿、冰蜜酒等；調味品為甘蔗漿、蜜，所調味道有苦、鹹、酸、辛、甘等。

從其場面之鋪陳，食材之豐富，菜餚之全面，烹飪技法之多樣，可知戰國時期飲食文化的發達程度。

《楚辭 · 招魂》篇開啟了中國古代食單的歷史，同時，作為最早的一份南方菜系的食單，它也反映出荊楚飲食文化的原初風貌。

秦漢時期的飲食日漸豐富精細。西漢辭賦家枚乘的〈七發〉篇，假託為太子去病，以主客問答的形式，描述了一份漢代宮廷筵宴食單，記錄了牛肉筍蒲、狗羹石耳菜、芍藥熊掌、烤獸脊肉、紫蘇魚片、白露時蔬、烹野雞、豹胎等宴席菜品，以及楚鄉稻米飯和菰米飯等主食和蘭花美酒，極盡豐美。其文如下：

「犓牛之腴，菜以筍蒲。肥狗之和，冒以山膚。楚苗之食，安胡之飰，摶之不解，一啜而散。於是使伊尹煎熬，易牙調和。熊蹯之臑，芍藥之醬。薄耆之炙，鮮鯉之鱠。秋黃之蘇，白露之茹。蘭英之酒，酌以滌口。山梁之餐，豢豹之胎。小飰

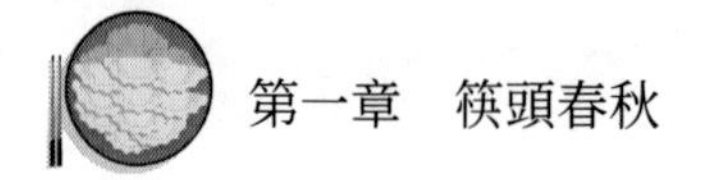

大歠，如湯沃雪。」

大意是煮熟小牛腹部的肥肉，用竹筍和香蒲來拌和。用肥狗肉熬的湯來調和，再鋪上石耳菜。用楚苗山的稻米做飯，或用菰米做飯，這種米飯摶在一塊不會散開，而入口即化。於是讓伊尹負責烹飪，易牙調和味道。

熊掌煮得爛熟，再用芍藥醬來調味。把獸脊上的肉切成薄片製成烤肉，鮮活的鯉魚切成魚片。佐以秋天變黃的紫蘇，被秋露浸潤過的蔬菜。用蘭花泡的酒來漱口。還有用野雞、家養的豹胎做的食物。少吃飯多喝粥，就像沸水澆在雪上一樣。

漢魏時期，記載皇家筵宴的文字很多，有《史記》中的鴻門宴、《漢書》中的遊獵宴、漢高祖劉邦的大風宴、漢武帝劉徹的析梁宴、吳王孫權的釣臺宴、魏王曹操的求賢宴、曹植的平樂宴、梁元帝蕭繹的明月宴、梁簡文帝蕭綱的曲水宴等。這些筵席雖然類別不同，但編排上各圍繞一個主題，自成一格，很有新意。

唐代的「燒尾宴」是唐代官宴的代表。據《舊唐書．蘇瓌傳》記載：「公卿大臣初拜官者，例許鮮食，名曰燒尾。」這是指大臣初上任時，為了感恩，向皇帝進獻的盛宴。

另外一種解釋認為，燒尾宴是士人初登第時或做官升遷時，招待前來賀喜的朋友和同僚的筵宴。如《封氏聞見記》中記述道：「士子初登榮進及遷除，朋僚慰賀。必盛置酒饌管樂，以

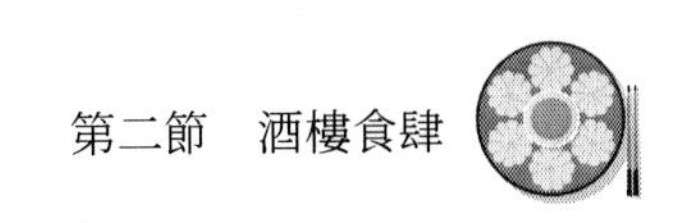

展歡宴。謂之燒尾。」

這兩種說法雖不盡相同，但大致都隱含了士人身分升遷這層含義。

關於「燒尾宴」名稱的由來，民間有三種說法。

一是說因為人的地位驟變，如虎變成人而尾巴猶在，故要「燒掉尾巴」——「虎變為人，唯尾不化，須為焚除，乃得成人。」（《封氏聞見記》）

二是說人的地位變化好像新羊初入羊群，為群羊所觸犯而不安，用火燒掉其尾巴，方可使之安定——「新羊入群，乃為諸羊所觸，不相親附，火燒其尾則定。」（《封氏聞見記》）

三是形容人朝官榮升，如鯉魚躍龍門，需用天火燒去魚尾，方可化為真龍。

後來的「燒尾宴」多取「魚躍龍門」之意，成為大臣進獻皇帝的筵宴。燒尾宴之風，自唐中宗時興盛，據《辨物小志》記載：「唐自中宗朝，大臣初拜官，例獻食於天子，名曰燒尾。」北宋陶穀的《清異錄・饌饈門》中則記載了唐代韋巨源的《燒尾宴食單》。

西元七〇九年，韋巨源升任尚書令，依例向唐中宗進宴。食單共列出宴會的菜點五十八種，可窺知當時盛宴的概貌。

這場燒尾宴用料考究，製作精細，佳餚豐美。其中僅飯食點心就有二十餘種，包括了飯、粥、餅、糕、花捲、麵片、餛飩、粽子等，如單籠金乳酥（蒸籠餅）、曼陀樣夾餅（爐烤餅）、巨勝奴（蜜製散子）、婆羅門輕高麵（蒸麵）、貴妃紅（紅酥皮）、御黃王母飯（肉加雞蛋蓋飯）、鴨花湯餅（鴨東加麵片）、金銀夾花平截（蟹肉、蟹黃蒸卷）、水晶龍鳳糕（棗餡烤餅）、雙拌方破餅（花角方形點心）等，餛飩更是有二十四種餡料和造型。

食單中的菜餚羹湯也是山珍海味，水陸雜陳，烹飪方法複雜精妙。

食材有牛、羊、豬、熊、鹿、雞、鵝、鵪鶉、兔、驢、狸、魚、蝦、青蛙、鱉等，如金鈴炙（酥油烤食）、通花軟牛腸（烹羊骨髓）、光明蝦炙（烤活蝦）、同心生結脯（風乾薄肉片）、冷蟾兒羹（冷食蛤蜊羹）、白龍臛（鱖魚羹）、鳳凰胎（毛雞蛋拌魚白）、羊皮花絲（炒羊肉絲）、乳釀魚（乳汁釀魚）、丁子香淋膾（丁香油淋肉膾）、蔥醋雞（蔥醋蒸雞）等。

筵席上還有一道菜，原文記之「餅素蒸音聲部麵蒸象蓬萊仙人，凡七十字」，此處說的是一道「看菜」。所謂「看菜」，即工藝菜，主要用於裝飾筵席，供人觀賞以愉悅就餐心情。

食單中這道名曰「素蒸音聲部」的看菜，是用素菜和蒸麵做成七十名女子歌舞的場面，個個姿態綽約，宛若蓬萊仙子。豐盛鋪陳的宴席之上擺放了這道看菜，其奢華壯觀，世所罕見。

作為烹飪典籍的一種，《燒尾宴食單》繼承了《楚辭・招魂》篇的模式脈絡，一以貫之。

無論是食材選料、烹飪技法、火候掌控，還是菜品分類、造型講究、筵席排場，《燒尾宴食單》都集合了前代飲食文化之大成，特別是對食物造型美感的關注，反映出唐代宮廷飲食文化的審美追求。

雖然燒尾宴在唐代僅僅盛行了二十年左右的光景，但已然成為當時宮廷宴會的特色。

京城酒樓

自宋代開始，宵禁制度逐漸被廢除，夜市普遍開放，這使得人們的飲食結構也發生了相應變化，維繫了千年的兩餐制演變為三餐制，於是大量的酒樓食鋪應運而生。

同時，隨著商品經濟的發展，享樂之風在京城甚盛，被中上層人士視為生活享受重要部分的飲食業，也因此受到積極的推動。

開封作為當時世界上最繁華的城市之一，其豐饒的物產、稠密的人口、便捷的交通、發達的商業，都為餐飲業的發展提供了良好的外部環境。加之糧食作物產量的增加，蔬菜水果的廣泛種植和養殖業的發展，餐飲業進入空前繁榮的時期。

這一時期飲食文化地位上升，並逐漸受到社會各階層廣泛的關注。特別是士大夫群體，因為國運的動盪和政治的失落，他們的意識形態開始逐漸轉向關注個人內心世界的協調，並外現於對於日常生活品質的追求，藉以寄寓政治抱負和人生理想。

士大夫群體深厚的文化修養、雅緻的審美品味、對於飲食生活積極的態度，使得這一時期飲食文化的品質得以提升，並帶動了社會大眾參與飲食生活的熱潮。

京城的酒樓按照規模和布置分為不同等級，餐飲的價格也因此有高低之分。大型的高級酒樓叫「正店」，中小型的飯館酒家叫「腳店」或「分茶」，此外還有販食攤子遍布街市。對此，孟元老的《東京夢華錄》中記載：「在京正店七十二戶，此外不能遍數，其餘皆謂之腳店。」

當時在開封城內，有很多規模龐大的高級酒樓，它們多集中於主要街道和區域，大都環境優美、建築巧妙、陳設講究、裝飾豪華。

據傳共「七十二戶」，有州東宋門外「仁和店」、「薑店」，州西「宜城樓」、「藥張四店」、「班樓」，金梁橋下「劉樓」，曹門「蠻王家」、「乳酪張家」，州北「八仙樓」，戴樓門「張八家園宅正店」，鄭門「河王家」「李七家正店」，景靈宮東牆「長慶樓」等。

每到營業之時，家家張燈結綵，場面熱鬧非常。《東京夢華錄》記之曰：

「凡京師酒店，門首皆縛綵樓歡門，唯任店入其門，一直主廊約百餘步，南北天井兩廊皆小閤子，向晚燈燭熒煌，上下相照，濃妝妓女數百，聚於主廊槏面上，以待酒客呼喚，望之宛若神仙。」

周密的《武林舊事．卷六》，對此盛貌也有描述：「歌管歡笑之聲，每夕達旦，往往與朝天車馬相接。雖風雨暑雪，不少減也。」

南宋臨安也有不少大型酒樓，如太和樓、春風樓、豐樂樓、中和樓、春融樓等。在這些上等的酒樓中，以白礬樓（後名「豐樂樓」）最負盛名，《東京夢華錄》中記述道：

「宣和間，更修三層相高。五樓相向，各有飛橋欄檻，明暗相通，珠簾繡額，燈燭晃耀。

初開數日，每先到者賞金旗，過一兩夜，則已元夜，則每一瓦隴中皆置蓮燈一盞。」

白礬樓有五幢三層小樓，其間各有飛橋欄杆相連，珠簾錦繡，燈火輝煌，是文武官員經常的歡宴之地。

宋代的酒樓設有專門負責承辦筵席的機構，稱「四司六局」，專為大型宴會服務。

「四司」指帳設司、茶酒司、臺盤司和廚司；「六局」指果子局、蜜煎局、菜蔬局、油燭局、香藥局和排辦局。各司各局職責互相補充、互不重疊。

「四司」中，帳設司掌管各種陳設；茶酒司掌管迎送客人，安排茶酒、座次；臺盤司掌管碗碟杯盞的傳送；廚司掌管食物的烹飪。

「六局」中，果子局負責為乾果、時果剝洗裝盤；蜜餞局負責為蜜餞、鹹酸剝洗裝盤；菜蔬局負責選購蔬菜及宴會布菜；油燭局專掌燈火臺燭；香藥局專掌藥碟、香料及醒酒湯藥；排辦局專掌打掃等事。

伴隨著飲食業的發展，廚師的地位也有所提高，有一些飯店因廚師烹飪手藝高超，便以其名字來命名。《東京夢華錄》中也有記載：

「賣貴細下酒、迎接中貴飲食，則第一白廚，州西安州巷張秀，以次保康門李慶家，東雞兒巷郭廚，鄭皇后宅後宋廚，曹門磚筒李家，寺東骰子李家，黃胖家。」

宋代酒樓的蓬勃興盛，帶動了飲食服務業的發展，從業人員數量的增多，使分工更加專業，服務更加細化，並產生了很多新興工種，被命以一定稱謂，各司其職。

廚師稱「茶飯量酒博士」，腰繫青花布手巾、高綰髮髻、為酒客換湯斟酒的婦人稱「焌糟」；普通百姓在富家子弟近前跑雜的稱「閒漢」，為客人斟酒歌唱獻果子、在客散時得錢的稱「廝波」，筵前獻唱的下等妓女稱「禮客」或「打酒坐」等。諸如此類，處處皆是。

不僅於此，宋代飲食業的服務流程也很規範熟練。據《東京夢華錄》載：「客坐，則一人執箸紙，遍問坐客，都人侈縱，百端呼索。或熱或冷，或溫或整，或絕冷、精澆、膘澆之類，人人索喚不同。」、「行菜得之，近局次立，從頭唱念，報與局內。當局者謂之鐺頭，又曰著案訖。」、「須臾，行菜者左手杈三碗。右臂自手至肩，馱疊約二十碗，散下盡合各人呼索，不容差錯。」

當客人就座後，跑堂的服務人員就遞上擦筷子紙，並逐個詢問客人需求的菜餚以及對菜品的要求，然後到靠近灶間處，唱念報與掌勺師傅和紅白案師傅，廚師們依此烹製。

少許，跑堂從灶間取出二十餘個碗，自右臂手掌疊鋪至肩膀，再一一分發給餐客，絕對不會出錯。有時，即使只有一兩位客人就餐，他們的服務也毫不馬虎，「凡酒店中，不問何人，止兩人對坐飲酒，亦須用注碗（酒壺）一副、盤盞兩副、果菜碟各五片、水菜碗三五隻，即銀百兩矣。」

兩宋時期雖然國勢頹廢，但正如《東京夢華錄》序中所言：「集四海之珍奇，皆歸市易；會寰區之異味，悉在庖廚。」烹飪技術的發展，飲食著作的豐富和風味菜系的萌芽，使得宋代飲食文化的發展呈現出繁盛之貌。

隨著生產力的發展和商品經濟的全面推動，酒樓飯店等飲食服務業已然日趨成熟，並廣泛深入到社會生活的各個領域，成為飲食文化史上極有意義的座標。

市井餚席

宋代的食品種類較前代有了很大的發展，這也帶動了民間飲食生活的豐富。張擇端的〈清明上河圖〉便是北宋市井生活盛貌的寫照。

這一時期開封的酒館、飯鋪、小吃攤遍布街市，不勝列舉，其多經營大眾口味食物，通宵達旦，種類豐富。

據《東京夢華錄》記載：

「大抵諸酒肆瓦市，不以風雨寒暑，白晝通夜，駢闐如此。」這些食物以饅頭、蒸餅、粥茶、豆腐等粗食為主，另外還有一些特色小吃，如蒸梨棗、黃糕糜、宿蒸餅、發芽豆之類。

小販們挑擔入巷，價格低廉，方便購買，深得百姓喜愛。對於當時京城的著名小吃，在《東京夢華錄》中有如下描述：「史家瓠羹、萬家饅頭，在京第一。」

南宋臨安也以此為風尚，在早市和夜市中供應糕點果品等小吃，同時兼營肉食羹湯，其中水產品尤為豐富。臨安的食店有南食店、羊飯店、餛飩店、菜麵店、素食店、悶飯店等，還有專營魚蝦、魚麵、粉羹的家常食店。其名店多因佳餚聞名，如張手美家、戈家蜜棗兒、錢塘門外宋五嫂魚羹、湧金門灌肺等。

茶坊飲料的種類也很豐富，除茶飲外，還有漉梨漿、綠豆湯、椰子酒、木瓜汁、梅花酒等。據傳，當年就連高宗皇帝也常常點名讓一家叫做吃坊間的店供應小吃。

此外，外賣的食品也很豐富，如軟羊諸色包子、豬羊荷包、燒肉乾脯、玉板鮓豝、鮓片醬之類。一些小酒店，還賣下酒菜，如煎魚、鴨子、炒雞兔、煎燠肉、梅汁、血羹、粉羹之類。據說每份不過十五文錢，很是經濟實惠。

對宋代的小吃，袁褧的《楓窗小牘》中有如下描述：

「舊京工伎固多奇妙，即烹煮盤案亦復擅名，如王樓梅花包子、曹婆肉餅、薛家羊飯、梅家鵝鴨、曹家從食、徐家瓠羹、鄭家油餅、王家乳酪……不逄巴子、南食之類，皆聲稱於時。

若南遷，湖上魚羹宋五嫂、羊肉李七兒、奶房王家、血肚羹宋小巴之類，皆當行不數者。」

自明代開始，飲食業出現空前的繁榮，這一方面得益於商品生產的迅速發展，同時也與明代主張個性、崇尚自我的社會風氣不無關係。

這一時期，道德意志的衰微與自然欲望的高揚，不僅使權貴階級窮奢極欲，下層社會的大眾百姓也常以享樂買醉為快。上層社會的文人雅士，則以適意求樂為人生的原則和價值取向，並將關注自我生命的價值與意義作為人生的目標。

上層社會的文人雅士因襲宋代對飲食之風的關注，更加講究飲食生活的情調，將之藝術化並參與其中，這成為明清時期一個獨特的飲食文化現象。

大量的文人作品中出現了有關記錄日常飲食生活的篇章段落，如張岱的《老饕集》和《陶庵夢憶》、冒襄的《影梅庵憶語》、李漁的《閒情偶寄》等。

還有一些專業的食書，如《墨娥小錄》、《居家必用事類全集》等；另外有一些綜合性的食譜，如元末倪瓚所著《雲林堂飲食制度集》、元末明初韓奕的《易牙遺意》、明末高濂的《遵生八箋．飲饌服食箋》等。

在明代的文學作品中，《金瓶梅》是比較特殊的一部，它以市俗文化和權貴趣味為審美取向，被稱為「寓意於時俗」的世情小說。

作為市井文化的代表，書中描述了大量明代中晚期市井富豪的飲食生活現象。在烹飪手法上，書中列舉了炒、燉、煎、煠、蒸、熬、燒、炙、鹵、燻、爆、攤、汆等十餘種，並有多處對於菜餚和菜席的記述。如六十一回寫到的「螃蟹鮮」：「四十個大螃蟹，都是剔剝淨了的，裡邊釀著肉，外用椒料、薑蒜米兒，團粉裹就，香油煠、醬油醋造過，香噴噴，酥脆好食。」

對於菜席，書中第二十七回寫到西門慶在花園裡的一頓「野餐」：

「西門慶一面揭開盒，裡面攢就的八槅細巧果菜：一槅是糟鵝胗掌，一槅是一封書臘肉絲，一槅是木樨銀魚鮓，一槅是劈

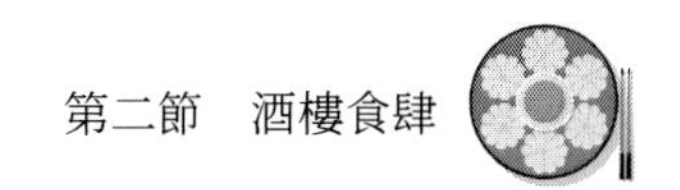

晒雛雞脯翅兒，一檔是鮮蓮子兒，一檔新核桃穰兒，一檔鮮菱角，一檔鮮荸薺；一小銀素兒葡萄酒，兩個小金蓮蓬鐘兒，兩雙牙箸兒，安放在一張小涼杌兒上。」

由此可以看出，其種類繁多，品相精美，搭配也十分講究。《金瓶梅》全書提到的日常菜餚、主食、羹湯、糕餅、糖食、蜜餞、乾鮮果品、飲料、茶和酒等不下三四百種，概括了明代中晚期市井飲食的發展風貌。

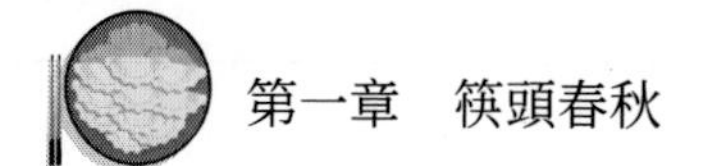

第三節　異域風味

胡味腥羶

從漢代開始，人們的飲食生活發生了一個重大變化。漢武帝時，張騫出使西域，開通了「絲綢之路」，使得「殊方異物，四面而至」(《漢書·西域傳》)，不僅將中國的絲綢、繒帛、黃金、漆器等特產傳向西方，同時也從西域諸國傳入了駿馬、貂皮、珠寶、香料等珍貴物產。

「絲綢之路」的開通，也為中西飲食文化的交流創造了條件，中原的桃、李、杏、梨、薑、茶葉等物產傳到西域，而各種外國的農作物和食品原料等重要物產也傳入進中原，對人們的飲食生活產生了很大影響。據傳，漢靈帝對西域食物十分偏愛，以至被後人稱為「胡食天子」。

西域傳入的物產在古籍中多有記載。如《博物志》曰：「漢張騫出使西域，得塗林安國石榴種以歸，故名安石榴。」《食物紀原》曰:「漢使張騫始移植大宛油麻、大蒜、大夏芫荽、苜蓿、頭、安石榴、西羌胡桃於中國。」《古今事物考》也稱：「張騫使外國，得胡豆，今胡豆有青有黃者。」

這一時期引進的物產，有蒲桃（葡萄）、石榴、胡麻（芝麻）、胡桃（核桃）、胡豆（蠶豆、豌豆）、胡瓜（黃瓜）、西瓜、甜瓜、菠菜、紅蘿蔔、芹菜、茴香、萵苣、胡荽（芫荽）、胡蒜（大蒜）、胡蔥（大蔥）等。這些飲食原料和香料的傳入，大大豐富了當時內地的食材品種，並增添了菜品烹調的口味。

不僅於此，西域還傳入中原一些新的烹飪技法，做出如胡餅、餢飳、畢羅、胡飯等主食，史書對此也有記載。

胡餅，據劉熙《釋名》解釋，是一種形狀很大的餅，或者是含有胡麻（芝麻）的餅，在爐中烤成，當時賣胡餅的店攤十分普遍。由於胡麻傳自西域，故稱該餅為胡餅。《緗素雜記》云：「有鬻胡餅者，不曉名之所謂，易其名曰爐餅。以胡人所啖，故曰胡餅。」據《資治通鑒．玄宗紀》記載，安史之亂，唐玄宗西逃至咸陽集賢宮時，正值中午：「上猶未食，楊國忠自市胡餅以獻。」

所謂餢飳，蔣魴《切韻》云，「餢飳，油煎餅名也」，即油煎的麵餅。慧琳《一切經音義》解釋曰：「此油餅本是胡食，中國效之，微有改變，所以近代亦有此名。」

畢羅一詞源自波斯語，是一種以麵粉作皮，包有餡心，經蒸或烤製而成的食品。唐代長安有許多經營畢羅的食店，如蟹黃畢羅、豬肝畢羅、羊腎畢羅等。

胡飯並非米飯，它其實也是一種餅食。做法是將酸瓜菹切長條，與烤肥肉一起捲入餅中，然後切成兩寸長的節段，蘸以醋芹食用。此外，如乳酪、羌煮貊炙、胡燒肉、胡羹、羊盤腸雌解法等聞名的烹飪方法，都是由西域傳入中原的。

胡食中肉食的代表首推羌煮貊炙。「羌」、「貊」代指古代西北少數民族，煮和炙都是具體的烹飪方法。《太平御覽》引《搜神記》云：「羌煮，貊炙，翟之食也，自太始以來，中國尚之。」

羌煮，據《齊民要術》記載，就是煮鹿頭肉。即選取上好的鹿頭煮熟、洗淨，切成兩指大小的塊狀，再將豬肉砍碎熬成濃湯，加入蔥白、薑、橘皮、花椒、鹽、醋、豆豉等調好味，最後將鹿頭肉蘸著調好的豬肉湯食用。

貊炙，《釋名．釋飲食》中釋其為烤全羊和烤全豬之類，「貊炙，全體炙之，各自以刀割，出於胡貊之為也。」

《齊民要術》中記述了烤全豬的做法。首先，需取尚在吃乳的小肥豬，褪毛洗淨，在其腹下開一小口取出內臟，再用茅塞滿腹腔，取柞木棍穿好，在表皮塗抹上濾過的清酒、鮮豬油和麻油，最後架於火上慢烤，邊烤邊不停轉動豬體，使之受熱均勻。烤好後，依照游牧民族慣常的吃法，大家各自用刀切割食用。烤熟的乳豬色如琥珀，外焦裡嫩，汁多肉潤，入口即化，獨具風味。

胡食在漢代經過絲綢之路傳入中國後，唐朝時發展至最盛。和漢代一樣，唐代也將域外之人統稱為胡人，《新唐書．輿服志》說，「貴人御饌，盡供胡食」。

唐朝從西域引進的食品原料更加豐富，相應地帶動了菜餚種類的增加。段成式在《酉陽雜俎》中，記載了胡椒這一引入的調味品：

「胡椒，出摩伽陀國，呼為昧履支。其苗蔓生，莖極柔弱，葉長寸半，有細條與葉齊，條上結子，兩兩相對，其葉晨開暮合，合則裹其子於葉中，子形似漢椒，至辛辣，六月採，今人作胡盤肉食皆用之。」

可見，「胡盤肉食」這道典型的胡味菜餚，已成為當時長安流行的名品。

在唐代之前，中國甘蔗產量雖然很多，但是並未掌握熬製蔗糖的方法。唐太宗派遣使者去摩揭陀國求得熬糖技法，熬製出了味道和色澤皆為上乘的蔗糖。蔗糖以及製糖工藝的引進，對於中國飲食生活具有特定的意義。

唐代漢族和各少數民族的相互交流，不斷推進著飲食文化的融合和發展。這一時期，西部、西北部少數民族在和漢民族雜居的過程中，逐漸習慣並接受了耕作農業這一生產與生活方式，開始過上了定居的農業生活。而得益於胡漢民族的頻繁交流，內地的畜牧業也有了較快的發展。

這種變化使得胡漢傳統的飲食結構都發生了重大變化，「食肉飲酪」開始成為漢唐時期整個北方和西北地方胡漢各族的共同飲食特色。

歌舞胡家

唐代的長安作為當時的國際大都會，各國使節、官員、商賈雲集，其中又以西域人居多，這使得胡食得以廣泛流行。還有一些西域人僑居長安，以開設酒店飯館為生，所製異域美酒和餚饌，深得人們喜愛。

當時開酒店的胡人被稱為「酒家胡」。有不少文人喜歡去胡人的酒店宴飲，如李白、王績、岑參、元稹、楊巨源等。

王績人稱「鬥酒學士」，極愛去胡家飲酒，他作有一首名為〈過酒家〉的詩：「有錢需教飲，無錢可別沽。來時常道貸，慚愧酒家胡。」

胡人酒家中的當壚女子多來自域外，大都年輕貌美，被唐人成為「胡姬」。胡姬不僅侍飲熱情周到，最大的特點是能歌善舞，極富異域文化的浪漫情調，因而深得文人雅客的青睞。

如好酒的李白就有多首詩作讚美胡姬，其〈少年行〉云：「五陵年少金市東，銀鞍白馬度春風。落花踏盡遊何處？笑入胡姬酒肆中。」

還有〈前有樽酒行〉云：「琴奏龍門之綠桐，玉壺美酒清若空。催弦拂柱與君飲，看朱成碧顏始紅。胡姬貌如花，當壚笑春風。笑春風，舞羅衣，君今不醉將安歸？」

再有〈白鼻騧〉詩云：「銀鞍白鼻騧，綠地障泥錦。細雨春

風花落時，揮鞭直就胡姬飲。」

又有〈送裴十八圖南歸高山〉：「何處可為別？長安青綺門。胡姬招素手，延客醉金樽……」

當時漢人所開的酒樓，婦女特別是年輕女子一般是不當壚的。當年卓文君以富商之女的身分下嫁司馬相如，其父卓王孫並不同意。於是文君當壚賣酒，轟動成都，其父深以為恥，不得不分與財物，讓她關掉酒肆，以免蒙羞。

唐代的胡姬不但當壚，而且大方灑脫，更加歌舞侍陪客人飲酒。胡姬所跳的胡旋舞是一類西域歌舞，充滿胡地的野趣和激情。胡姬舞姿曼妙加之歌聲優美，酒客也都興致盎然，意趣蓬發，故而常賦詩句以描繪胡姬的浪漫風情。

楊巨源就有一首〈胡姬詞〉，詩云：「妍豔照江頭，春風好客留。當壚知妾慣，送酒為郎羞。香渡傳蕉扇，妝成上竹樓。數錢憐皓腕，非是不能留。」白居易也作有〈胡旋女〉一詩：「心應弦，手應鼓。絃歌一聲雙袖舉，迴雪飄飄轉蓬舞。左旋右轉不知疲，千匝萬周無已時。」可見酒家胡與胡姬歌舞，已成為唐代飲食文化的一個重要特徵。

不止於此，胡家酒店的酒也別具特色，岑參曾有詩云：「胡姬酒壚日未午，絲繩玉缸酒如乳。」如「乳」般的酒，想必與漢人釀酒的原料和釀法皆有不同。唐代的胡酒有高昌葡萄酒、波斯三勒漿和阿富汗龍膏酒等。

據《冊府元龜》卷九百七十記載，唐太宗時破高昌國，收馬乳葡萄籽種植，並將葡萄酒的釀造方法引入長安，成功釀造出了八種色澤的葡萄酒，「芳辛酷烈，味兼緹盎。既頒賜群臣，京師始識其味」。

不久，京城的百姓也品嚐到葡萄酒的甘醇美味，並由此產生出許多詠贊葡萄酒的唐詩。如王翰的〈涼州詞〉：「葡萄美酒夜光杯，欲飲琵琶馬上催。醉臥沙場君莫笑，古來征戰幾人回。」

三勒漿也是一種果酒，產自波斯，是用庵摩勒、毗梨勒、訶梨勒三種樹的果實釀造而成。

龍膏酒產自阿富汗，蘇鶚的《杜陽雜編》記之曰：「順宗時，處士伊祈元召入宮，飲龍膏酒，黑如純漆，飲之令人神爽，此本烏弋山離國所獻。」

飲酒之外，胡姬酒店的菜餚也別具特色，賀朝的〈贈酒店胡姬〉云：「胡姬春酒店，弦管夜鏘鏘。紅氍鋪新月，貂裘坐薄霜。玉盤初鱠鯉，金鼎正烹羊。上客無勞散，聽歌樂世娘。」

這裡的「鱠鯉」是標準的中國菜，而「烹羊」就是典型的胡人食風了。

第二章　天下餚饌

第一節　主食

五穀之說

中國古代的飲食養生觀在《黃帝內經》中多有展現，《黃帝內經・素問》提出了「五穀為養，五果為助，五畜為益，五菜為充」的觀點。

這種飲食結構，一直沿用至今。其中，穀物為食物結構之根本，是供養身體的基礎，果類為輔助，肉類為補益，蔬菜為充養。

「五穀」一詞，始見於春秋戰國時期。《論語・微子》曰：「四體不勤，五穀不分」，這裡的「五穀」指的是五種糧食作物，但沒有說明具體是什麼。在此之前，《詩經》中也有過「百穀」之說。

在《禮記・月令》中，記載了西周天子於孟秋之月，以新收穫的五穀祭祀祖先，然後嘗食新穀一事：「是月也，農乃登穀，天子嘗新，先薦寢廟。」

《荊楚歲時記》亦有記載：「十月朔日……今北人此日設麻羹、豆飯，當為其始熟嘗新耳。」此後，這種以五穀祭神的習俗便沿襲下來。

人們出於對自然的崇拜，想像冥冥之中有一位可以主宰五穀生長的女神，她就是「五穀神」，又名「五穀母」。

每年秋收完畢，五穀豐登之時，為了報答五穀神的恩德，便在十月十五這一天，用稻米粉末製成扁擔形狀的供品，備上三牲，挑到剛剛收割過的土地上，焚香點燭，遙相祭拜。

關於「五穀」所指，有兩種不同的說法。漢代鄭玄注《周禮・天官・疾醫》：「以五味、五穀、五藥養其病」，認為「五穀」是指麻、黍、稷、麥、豆。趙岐注《孟子・滕文公上》：「樹藝五穀，五穀熟而民人育」，認為「五穀」指稻、黍、稷、麥、菽。

這兩種解釋的區別在於「麻」、「稻」之別。麻雖然可供食用，但主要是用其纖維織布，穀所指應為糧食，因此後一種說法似為妥當。但以當時的社會狀況而言，北方是經濟文化的中心，稻屬南方作物，在北方栽培有限，而此亦可作為有「麻」無「稻」之由。

「穀」原指有殼的糧食，穀字之音，就是從殼的音而來的。「五穀」之稻、黍、稷、麥、菽，分別指水稻、黃米、小米、大麥和小麥、豆子。「五穀」之說隨著農業的發展，到了後來，便泛指糧食作物了。

《詩經》中就有相當比例的詩句寫到過糧食作物，〈國風・豳風・七月〉中有這樣的描述：「九月築場圃，十月納禾稼。黍稷重穋，禾麻菽麥。」

不僅如此，反映農耕勞作的歌謠在《詩經》中也有所展現，描述了人們耕田、收穫、採集、狩獵、割烹等情景。如〈載芟〉

開篇九句：「載芟載柞，其耕澤澤。千耦其耘，徂隰徂畛。侯主侯伯，侯亞侯旅，侯彊侯以。有嗿其饁，思媚其婦。」這說的就是集體勞作、除草耕田的畫面。

由此可知，糧食作物在先秦時期人們飲食生活中的地位已經十分重要。至今數千年來，糧食作物依然是中國人民的基本飲食原料。

稻

傳說中的「黃帝始蒸穀為飯，烹穀為粥」意味著，米飯在中國有著數千年的發展歷史。

《史記．貨殖列傳》曰：「楚越之地，地廣人稀，飯稻羹魚，或火耕而水耨。」米飯在古時曾是長江流域百姓的主食，其做法十分多樣，後來在不同地區、不同民族間有了廣泛的傳播和發展。如魏晉之時的青精飯、明代的包兒飯、傣族的竹筒飯、維吾爾族的手抓飯、南味名品八寶飯，還有做法不同的炒飯、泡飯、撈飯等。

青精飯又名烏飯，相傳為道家所創。明代李時珍《本草綱目》中記載了青精飯的做法：

「南燭木，今名黑飯草，又名旱蓮草。即青精也。採枝葉搗汁，浸上白好粳米，不拘多少，候一二時，蒸飯曝乾，堅而碧色，收貯。如用時，先用滾水，量以米數，煮一滾即成飯矣。此飯乃仙家服食之法，而今釋家多於四月八日造之，以供佛。」

唐代陳藏器《本草拾遺》中總結其製法是取南燭莖葉搗碎漬汁，用其浸粳米，蒸熟成飯。把飯晒乾後，再浸其汁，複蒸複晒。此般「九浸、九蒸、九曝」後，米粒緊小，黑若堅珠，久貯不壞。待吃時，用沸水煮一滾即成清香可口的飯食。每逢農曆四月初八的「浴佛節」，多有人家用烏飯樹葉煮烏米飯，已成習俗。

粥者，古時稱糜、饘、酏等，古人寫作「鬻」，乃「米與水成糜之稀者也」(《爾雅・釋名・釋文》)。《禮記・檀弓上》有云：「饘粥之食。」，《疏》云：「厚曰饘，稀曰粥。」所謂「饘」者，《正字通》釋為「厚粥」，可解為「稠粥」。

古人食粥起於何時未考，但《後漢書・馮異傳》有「時天寒烈，眾皆飢疲，異上豆粥」的說法，《晉書・石崇傳》也有「崇為客作豆粥，咄嗟便辨」之說，可知食粥之俗已經非常久遠。《禮記・月令》中也描述：「(仲秋之月)是月也，養衰老，授幾杖，行糜粥飲食。」

漢代以後，粥品的種類日益豐富。據宋人吳自牧的《夢粱錄》記載，南宋臨安的早市點心，冬天賣七寶素粥，夏月賣義粥、豆粥和饊子粥。周密的《武林舊事》也記有臨安市井食店賣五味粥、粟米粥、糖豆粥、糖粥、糕粥、饊子粥和綠豆粥等十多個品種。明清之時，粥品的種類繁多，清代的《粥譜》收有二百餘種粥，粥中名品有梅粥、蓮子粥、百合粥、燕窩粥、薺菜粥、魚生粥等。

粥之益處眾多，甚為世人所愛，其不僅口感溫潤，而且和暖臟腑，滋長肌力。宋代蘇東坡對吃粥就很有興趣，其書帖日：「夜飢甚，吳子野勸食白粥，云能推陳致新，利膈益胃。粥既快美，粥後一覺，妙不可言也。」

「蘇門四學士」之一的張耒曾經寫過的一篇〈粥記〉云：

「每日清晨食粥一大碗，空腹胃虛，穀氣便作，所補不細，又極柔膩，與胃相得，最為飲食之妙訣。

蓋粥能暢胃氣，生津液也。大抵養生求安樂，亦無深遠難知之事，不過寢食之間爾。故作此（〈粥記〉）勸人每日食粥。勿大笑也。」

南宋詩人陸游對粥養也頗有心得，他的〈食粥〉詩寫道：「世人個個學長年，不悟長年在目前。我得宛丘平易法，只將食粥致神仙。」

麥

麥類作物作為主食原料，發源地是黃河流域和長江流域的廣大地區。

戰國時期，人們已經開始注意到大麥和小麥的區別，《呂氏春秋》就有關於「大麥」的記載。小麥的種植，早在先秦時期就已開始。

小麥和大麥的食用，最初與其他穀物一樣是粒食的，史籍上有大量關於「麥飯」的記載。漢代時，史游的《急就章》有「餅餌麥飯甘豆羹」的記載，可以看出麥的基本食用方法就是麥粒煮飯。顏師古注之：「麥飯，磨麥合皮而炊之也；甘豆羹，以洮米泔和小豆而煮之也；一曰以小豆為羹，不以醯酢，其味純甘，故曰甘豆羹也。麥飯豆羹皆野人農夫之食耳。」以麥粒煮飯，最為便捷，因此應急之炊常用此法。

後來宋代蘇軾的〈和子由送將官梁左藏仲通〉一詩，也有「城西忽報故人來，急掃風軒炊麥飯」之語。

在烹製、食用麥飯的過程中，人們發現，由於麥粒堅硬，且有黏性，蒸煮不易軟爛，因而也不易消化，於是漸漸便產生了粉食的製作方法。

小麥製粉工藝的出現，約在漢代時期，隨之而來的是麵食品種的增多，這一時期出現了饅頭、麵條、餅、包子、餃子等的初步形態，麵粉的發酵技術也隨之出現。可以說，穀物從粒食到粉食的過程，是古代烹飪史的一個重大進步。

「餅」在古代一直作為麥麵類食品的總稱。漢代劉熙《釋名·釋飲食》中解釋說，「餅，並也，溲麵使合併也」。由此可知，餅在漢代並沒有一定形狀和製作規範。顏師古注《急就章》則有「溲麵而蒸熟之則為餅，餅之言並也」的解釋，即認為餅是蒸食的。

宋代黃朝英的《靖康緗素雜記》指出：「凡以麵為食具者，皆謂之餅：故火燒而食者，呼為燒餅；水瀹而食者，呼為湯餅；籠蒸而食者，呼為蒸餅；而饅頭謂之籠餅，宜矣。」此說按照烹製方法的不同，把餅又分為火燒而成的燒餅、水瀹煮成的湯餅、蒸籠蒸成的蒸餅和籠餅（即饅頭）。燒餅之稱一直保留至今，南方也叫做大餅。湯餅當時也叫煮餅，即麵片湯。

麵條的由來大約早於魏。在劉熙《釋名》之「餅」中已提及「蒸餅、湯餅、蠍餅、髓餅、金餅、索餅」等餅類，並說是「皆隨形而名之也」。照此說法，其中「索餅」有可能是在「湯餅」基礎上發展而成的早期的麵條。

《釋名疏證補》云：「索餅疑即水引餅。」北魏賈思勰的《齊民要術》中，提到了「水引」與「餺飥」兩種麵食的做法：「細絹篩麵，以成調肉（臛）汁，待冷溲之。水引，挼如箸大，一尺一斷，盤中盛水浸，宜以手臨鐺上挼。令薄如韭葉，逐沸煮」及「餺飥：挼如大指許，二寸一斷，著水盆中浸，宜以手向盆旁挼使極薄，皆急火逐沸熟煮。非直光白可愛，亦自滑美殊常。」

這兩種麵食均是將和好之麵揉搓成細長條狀，再以一尺或二寸的長度斷開，放入盛好水的盆中，將之拉伸撚薄，再用沸水煮熟，成品光白晶亮，口感滑美。

菽

菽最初是中國古代豆類的總稱，後來專指大豆。早在《詩經》中就有大量記載菽的文字：「中原有菽，庶民採之。」、「采菽采菽，筐之莒之。」杜預注《春秋左氏傳》中也有：「菽，大豆也。」

作為五穀之一，大豆在春秋戰國時就已經成為日常的基本糧食之一，古籍中對其多有「豆飯」、「豆羹」等的記載。

在歷史上，中國傳統的大豆製品有豆芽、豆醬、豆漿、豆皮、豆腐等。其中，豆腐的出現，對於中國飲食文化有著特殊的意義。

對於豆腐最早的記載，見於五代陶穀所撰《清異錄》：「日市豆腐數個，邑人呼豆腐為小宰羊。」豆腐之異稱，還有「軟玉」(蘇軾詩)、「藜祁」、「犁祁」(陸游詩)、「豆脯」(《稗史》)、「來其」(《天祿識餘》)、「菽乳」(《庶物異名錄》)、「沒骨肉」、「鬼食」等。

明初學者葉子奇的《草木子》曰：「豆腐始於漢淮南王劉安之術也。」李時珍的《本草綱目》也有「豆腐之法始於淮南王劉安」之說。一般認為，豆腐是淮南王劉安所創。

製作豆腐，首先要研磨泡豆，以製作豆漿，進而點製豆腐。根據點製方法的不同，豆腐分為北豆腐和南豆腐兩大類。

北豆腐又稱老豆腐，以鹽滷（氯化鎂）點製，顏色乳白，水分較少，味道微甜略苦。烹製菜餚宜用煎、塌、貼、炸等法或做餡，以厚味久燉為上。

南豆腐又稱嫩豆腐，以石膏（硫酸鈣）點製，顏色雪白細嫩，含水分高，味道甘美鮮滑。烹製時宜用拌、炒、燴、汆、燒等法或用以做羹。

豆腐的烹製方法，在古代食譜中多有記載，如司膳內人《玉食批》有「生豆腐百宜羹」，《山家清供》有「東坡豆腐」，《澠水燕談錄》有「厚樸燒豆腐」，《老學庵筆記》有「蜜漬豆腐」等。

古往今來，用豆腐製作的菜餚達數千種，既有民間的家常菜，如「小蔥拌豆腐」、「白菜燉豆腐」等，又有宴席菜。地方有名的豆腐菜餚有：四川的「麻婆豆腐」，吉林的「砂鍋老豆腐」，北京的「硃砂豆腐」，山東的「鍋塌豆腐」、「三美豆腐」、「黃龜豆腐羹」，山西的「清素糖醋豆腐餃子」，河南的「蘭花豆腐」，上海的「炒百腐松」，浙江的「砂鍋魚頭豆腐」，江蘇的「鏡箱豆腐」、「三蝦豆腐」，安徽的「徽州毛豆腐」，江西的「金鑲玉」，湖北的「葵花豆腐」，湖南湘潭的「包子豆腐」，福建的「髮菜豆腐」、「玉盞豆腐」，廣東的「蠔油豆腐」，廣西的「清蒸豆腐圓」以及素菜「口袋豆腐」，孔府「一品豆腐」等。

有些地方甚至創製了專門的「豆腐宴」。此外，豆製品還可製成豆腐腦、豆腐乾、凍豆腐等食用，皆是別具風味。

豆腐滋味清醇，營養豐富，物美價廉，易於加工。既可作為主食，也可烹製菜餚，冷熱盤均可食用，葷素皆能搭配，因此在灶間用途廣泛，深得百姓喜愛。

第二節　菜餚

六畜八珍

遠古時代，人類祖先的所食之物主要是大自然中呈自然狀態的食物。而火的發現，象徵著熟食時代的來臨。

新石器時代，自烹製工具的發明之後，產生了真正意義上的飲食文化。

夏商周時期是中國飲食文化發展的第一個高峰。隨著生產力的發展，農業、漁業、畜牧業都具備了一定的生產規模和生產技術，各類食材產量豐富，品種繁多，人們的飲食生活也豐富多樣。這一時期的飲食原料包括糧食作物、瓜果蔬菜、山珍野味、家畜水產等。

肉類食物雖然不是這一時期人們飲食的主要原料，但是在飲食結構中已經日顯重要。肉類食物有野生和畜養兩類，人們主要依靠狩獵和畜牧獲得。

《周禮》中提到的走獸有麋、鹿、貛、野豕、熊、兔等；飛禽有鴻、鶉、鷃、梟等。家畜在《周禮．夏官．職方氏》中有「河南曰豫州……其畜宜六擾」之說，鄭玄注「六擾」為馬、牛、羊、豕、犬、雞，這便是一般所說的「六畜」。

捕魚業和水產養殖業在這一時期都有所發展，但水族類飲

食原料依然比較珍稀，《詩經》中曾提到過鱣、鯉、鱓、鱉、龜、蟹等數十種。

這一時期瓜果蔬菜的種類也很豐富，其中既有野生，又有人工培植，而且不僅王室和諸侯有大規模的園囿，菜圃果園在民間也很普遍。

《詩經》的篇章中出現過數十種野生蔬果，如薇、荇、卷耳、蘩、蘋、桃、李、梅、棗等。《爾雅》中也記載了二十餘種人工培植的蔬菜，常見的有葵、藿、薤、韭、菘、薺等。

隨著烹飪食材的發展，調味原料開始逐漸被人們發現並加以開發。鹹味是最早被人們發現的味道，早在遠古時候就已出現，後來又出現了酸、甜、苦、辛等味型，多有文字記載。

鹹味的自然呈味原料有鹽，人工調味原料有醬、醢（一種用肉醃製的醬）等；酸味的自然呈味原料有梅子汁等；甜味的自然呈味原料有棗、慄、飴（麥芽糖）、蜜（蜂蜜）等；苦味的自然呈味原料有豆豉等；辛味的自然呈味原料有椒、桂、薑、蔥、蒜、辣椒、芥等。

菜餚，又名餚饌、饈餚等，是佐酒下飯的葷菜與素菜的總稱，多以煎、炒、煮、炸、蒸、烤等方法來製作。在中國五千年前出現的烤肉和烤魚等食品中，就已經蘊涵了早期的菜餚烹飪技藝。

商周時期，菜餚的品種開始有了基本的定式，如炙（烤肉）、羹（肉菜製作成的濃湯）、脯（鹽醃的乾肉片）、脩（加薑桂等製作的乾肉條）、醢（肉醬）、菹（整醃的魚、肉或蔬菜）、齏（切碎的醃菜）、膾（生肉絲或生魚絲）等。每一類菜餚又有若干品種，以醢為例，用豬、牛、羊、犬、雞、兔、鹿、魚、蟹等皆可製作。

在《周禮》的〈天官．冢宰〉中，首次出現了「八珍」一說：「食醫，掌和王之六食、六飲、六膳、百饈、百醬、八珍之齊。」〈天官．膳夫〉等篇中，也有相關記載：「凡王之饋，食用六穀，飲用六清，羞用百有二十品，珍用八物。」

這裡的「八珍」，是為周天子烹製的珍貴的宴飲美食，史稱「周八珍」，由二飯六菜組成，包括淳熬（肉醬油澆稻米飯）、淳母（肉醬油澆黍米飯）、炮豚（煨烤炸燉乳豬）、炮牂（煨烤炸燉羔羊）、搗珍（燒牛、羊、鹿、獐的通脊）、漬（酒糟牛羊肉）、熬（牛肉乾）和肝（燒烤肉油包狗肝）等八種美食。

「八珍」之外，《禮記．內則》中還記載了一種名為「糝」的烹飪方法的，做法類似於現在的煎肉餅或煎丸子。

「周八珍」是中國最早出現的一組名食。可以看出，周代的飲食開始重視對食材的加工，不僅對調味料的運用日趨熟練靈活，還特別講究食材部位的選取、刀工的運用和製作的流程；在烹飪方法上，出現了掛糊、醃漬、風乾等技術。

此外，這一時期對食物的製作標準有所提高，在要求食材新鮮的基礎上，逐漸開始注重烹製的衛生。

煎炒烹炸

秦漢時期，菜餚的烹飪技術比先秦有了一定程度的發展。在炙類菜中，出現了北方少數民族的名品貊炙，即烤整隻的豬或羊，食者各自用刀分而食之。

羹類菜的品種也大為增加，有用牛、羊、豕、豚、狗、雉、雞、鹿、猴、蛇等製作的各類羹食二十餘種。

脯類菜的製作技術亦有所提高，如《史記》中記載的一種漢代羊胃脯，做法是先煮熟羊胃，再加薑、椒、鹽等醃製而成，很是有名。

這一時期還出現了一些採用新的烹製方法製作的肉食菜餚，如劉熙《釋名・釋飲食》中提到的，「鮓，菹也。以鹽米釀魚以為菹，熟而食之也。」就是說，鮓是用鹽醃魚之後，再加調料和米飯，拌和釀製而成。另如濯，是類似用涮或汆的方法製作的一類菜。

還有漢代著名的五侯鯖，烹製時將魚、肉等原料混合燒煮，採用的是一種雜燴式的烹製方法。

秦漢時期菜餚的製作技藝有所提高。《淮南子・齊俗訓》中曾有這樣的描述：「今屠牛而烹其肉，或以為酸，或以為甘，煎熬燎炙，齊味萬方，其本一牛之體。」這是說以牛肉為例，在選材上，這一時期已經認識到區分不同部位取料，採用煎、熬、

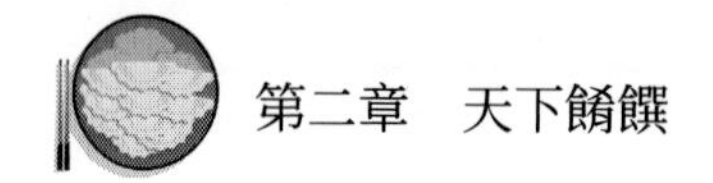

燎、炙等多種烹調手法，製作出酸甜可口、味美鮮香的佳餚了。

魏晉南北朝是中國飲食文化的重要發展時期，菜餚的烹製手法精細，種類豐富，風味多樣。

據記載，此時的菜餚烹製手法已經達到二十多種，主要有燒、煮、蒸、炰、腤、煎、消、綠、炙、醃、糟、醬、醉、炸、炒等，特別是出現了炒這種旺火速成的烹製方法，這對菜餚的進一步發展造成了推動作用，是中國飲食文化發展的一個重要事件。

據《齊民要術》記載，當時用以上烹製方法製作的菜餚多達二百種以上，其中的名品有鮓類的裹鮓、蒲鮓，脯類的五味脯、甜脆脯，羹類的豬腳酸羹、雞羹、兔臛，炙製的炙豚、楠炙、搗炙，蒸製的蒸熊、蒸雞，煎製的蜜純煎魚、鴨煎，腤製的腤雞、腤白肉，調味的八和齏等。

烹飪方法在這一階段也有了深度發展。以炙為例，《齊民要術》中收錄的灸的做法有二十餘種，有的直接在火上烤，有的隔著鐵器烤，有的用器具夾住在火上烤，還有的先將原料調味後再在火上烤。

烹製出菜餚也別具風味，如《齊民要術》中記載炙豚烤熟後，「色同琥珀，又類真金，入口則消，狀若凌雪，含漿膏潤，特異凡常也」。

這一時期還出現了用幾種烹飪製法組合而成一道菜的方

法，如酸豚就是先將乳豬切片炒製，然後爛煮，再加多種調味品而成。

在《三國志·魏志·鍾繇傳》中記載：「魏國初建，為大理，遷相國，文帝在東宮，賜繇五熟釜。」，「五熟釜」是一種古炊具，釜內分格，可以同時煮製各味食物，據傳這就是火鍋的雛形。南北朝時候，「銅鼎」成了最普遍的器皿，也就是現今的火鍋。演變至唐朝，火鍋又被稱為「暖鍋」了。

這一時期的調味品種類繁多，常用的有豆豉、豉汁、醬、醬清、蜜、餳、鹽、醋、蔥、薑、椒、橘皮、蒜、胡芹、薤、蘇葉、蓽茇、酒等。菜餚的口味也因之多樣，出現了鹹、甜、辛、酸，以及糖醋、酸麻、辛香、鹹甜等複合滋味。

另外，對菜餚造型的重視也是魏晉南北朝飲食文化的一個特點。此時出現了灌腸、肉丸、圓形魚餅、烤肉圈等造型各異的食物。

金齏玉膾：齏，音「積」，是指調味用的薑、蒜或韭菜碎末。膾：是指切得很細的肉。

唐代菜餚烹製技術不斷提高，烹飪的選料、刀工、調味、火候等方面都有所發展。

這一時期的文字記載中出現了一些名菜，如隋謝諷的《食經》和韋巨源的《燒尾宴食單》中記載的各種珍饈佳餚。

此外，各地也出現了不少佳餚，如長安有駱駝炙、膾體魚、鯽魚羹、野豬鮓、靈消炙、紅虯脯等，揚州、蘇州有金齏玉膾、糖蟹、蜜蟹、炸鱔魚等，四川有甲乙膏等，廣州有炸烏賊魚、炙嘉魚、炒蠔、蝦生、炸海蜇絲等，新疆有蒸全羊、整烤犛牛等。

唐代的食膾之風很盛，食膾飲酒成為一時風尚，膾的烹飪技術也得到了一定發展，因此，人們對於適合烹製膾的魚料有了更為深入的認識。

晉代張翰的「蓴鱸之思」流傳後，人們一直認為鱸魚是做膾的最佳選擇，唐代時這種看法出現了改變。

唐代楊曄的《膳夫經手錄》中說：「膾莫先於鯽魚，鯿、魴、鯛、鱸次之，鱭、鮇、魿、黃、竹五種為下，其他皆強為。」這講的是，烹製魚膾的選料以鯽魚為最佳，鯿、魴、鯛、鱸次之，鱭、鮇、魿、黃、竹五種又次，其他的魚便不大適用了，這是在長期實踐中得出的結論。醫學家孟詵在《食療本草》中，從食療養生的角度解釋為：「諸魚屬火，唯鯽魚屬土，而有補脾胃之功。」

這一時期，人們除普遍食用鮮膾外，還發明了一種製作「乾膾」的方法。

《太平廣記》引用《大業拾遺記》的文字說，吳郡獻給隋煬帝的貢品中，有一種鱸魚的乾膾，在清水裡泡發後，用布包裹瀝盡水分，鬆散地裝在盤子裡，無論外觀和口味都類似新鮮鱸膾。再將切過的香柔花葉，拌和在生魚片裡，裝飾上香柔花穗。潔白如玉的鱸魚肉片，配上青翠欲滴的香柔花葉，再加上紫紅色的香柔花穗，整個菜餚色味俱佳。

唐代史官劉餗著撰的《隋唐嘉話》記曰：「吳郡獻松江鱸，煬帝曰：『所謂金齏玉膾，東南佳味也』。」這道菜說的就是隋唐時期最負盛名的「金齏玉膾」。因其是用松江鱸魚製成，江南人原稱之為「松江鱸乾膾」。

金齏玉膾的名稱，最早出現在北魏賈思勰所著《齊民要術》一書中，在「八和齏」一節裡，賈思勰詳細地介紹了金齏的做法和七種配料，即蒜、薑、鹽、白梅、橘皮、熟栗子肉和粳米飯。

乾膾製作與保鮮技術的發明，在一定程度上使人們食用魚膾不再受到時間和地域的限制。

當時高超的斬膾刀工，可以將這道菜的魚片批得極薄。對此，杜甫和蘇軾分別有詩句讚云：「饔子左右揮雙刀，膾飛金盤白雪高」，「運肘風生看斫鱠，隨刀雪落驚飛縷」唐末詩人皮日休的〈新秋即事三首〉中也寫道：「共君無事堪相賀，又到金虀玉膾時。」現在，金齏玉膾已泛指美味佳餚了。

炒作為一種烹飪方法，其用途極為廣泛，無論是肉類還是蔬果，都可以加以炒製。而炒這一烹飪方式的普及，同時也極大拓展了菜餚烹飪的原料範圍。這一階段，炒菜在菜餚中所占的比重逐漸提高，炒製也最主要的日益成為最主要的菜餚加工方式，對人們的飲食生活產生著深刻的影響。

因為菜餚炒製之前常要將食材原料切成片、塊、丁、粒等狀，這一時期刀功技藝便隨著炒菜的繁榮而發展起來，還出現了專門論述烹飪刀法的《斫膾書》。

南北風味

宋代是菜餚發展的一個高峰，菜餚的主要烹製方法都已具備，達三十種以上。

新出現或比前代有較大發展的烹製方法有炒、爆、煎、炸、攛、涮、焙、爐烤、爊、焐、煼、凍等。其中炒法又發展出生炒、熟炒、北炒、南炒等，與現在的方法已頗為近似。

隨著烹飪方法的發展，這一時期出現了許多菜餚品種。據《東京夢華錄》、《夢粱錄》、《武林舊事》等書記載，北宋都城汴京、南宋都城臨安市場上的菜餚五花八門，數以百計，有下飯菜類、羹湯類、粉類、乾菜類、冷盤類等。

這時的烹調技術已很精湛，僅魚的做法就有三十多種，羊的做法也有二十餘種。《夢粱錄》則載有小雞元魚羹、小雞二色蓮子羹、小雞假花紅清羹、四軟羹等羹類，有數十種之多，大凡肉類、蔬菜類，皆可為羹。

宋代各色專門飯店很多，有賣羊肉酒菜的「羊飯店」，賣各色點心的「葷素從食店」，以賣酒為主、兼售添飯配菜的茶飯店，賣鵝鴨包子、灌漿饅頭、魚子、蝦肉包子、腸血粉羹等的包子店等。

菜餚的風味流派也已經出現，其中比較突出的為北方菜、川菜、江浙的南方菜等。

餐飲業在兩宋的繁榮發展，因地域和飲食習慣的不同，南北仍然有些許差別。如北宋開封的餐飲業大致包括酒樓、食店、餅店、羹店、餛飩店和茶肆等，而南宋臨安則有茶肆、酒肆、分茶酒店、麵食店、葷素從食店等。

宋代的飲食菜系也分為北食、南食和川飯三類，依照不同菜系，各有不同的飯店。如烹飪北方菜餚的「北食店」，供應魚兜子、煎魚飯等南方風味的「南食店」，賣插肉麵、大燠麵和生熟燒飯等為主的「川飯店」等。

特別值得一提的是「北食」中的羊肉，它在宋代菜餚中占有著舉足輕重的地位。

許慎在《說文解字》中，認為「羊大則美」，「羊大」之所以為「美」，是因為「羊大」好吃之故。《說文解字》解道：「美，甘也，從羊從大。羊在六畜，主給膳也。」而「甘」在《說文解字》中釋為「甘，美也。從口含一」。「甘」本意為口中品含食物，表示一種味覺的感受。

北宋名相王安石也很愛吃羊肉，曾作《字說》解「美」字為

「從羊從大」。宋代《政和本草》認為，食羊肉有「補中益氣，安心止驚，開胃健力，壯陽益腎」等良效，羊肉與人參一樣滋補身體，「人參補氣，羊肉補形」。

羊肉成為宋代官場的主菜。宋人陳師道在《後山談叢》中記述了「御廚不登彘肉」。曾任宰相的呂大防對宋哲宗趙煦說「飲食不貴異味，御廚止用羊肉」，勸說皇帝不要貪圖珍饈佳餚，而只能吃羊肉，並認為「此皆祖宗家法，所以致太平者」。既然吃羊肉是祖宗的家法，那麼便不可違拗。兩宋皇室的肉食餚饌，幾乎全用羊肉，而從不用豬肉。

據宋人魏泰的《東軒筆錄》記載，宋仁宗特別「思食燒羊」，甚至達到日不吃燒羊便睡不著覺的程度。尚書省在所屬膳部下設「牛羊司」，掌管飼養羔羊等，以備御膳之用，還設有牛羊供應所和乳酪院。御廚每年都會辦理賞賜群臣烤羊的事務，這也成為宋代獨創。

不僅官場流行吃羊肉，民間的酒店食肆裡也有很多羊肉菜餚，供大眾食用。《西湖老人繁勝錄》中記載的羊肉菜品有羊頭黿魚、鶤羊事件、鼎煮羊、盞蒸羊、羊炙焦、羊血粉、入爐炕羊、美醋羊血等。《夢粱錄》記載的兩京食店中的羊肉名品，有蒸軟羊、羊四軟、酒蒸羊、繡吹羊、五味杏酪羊、千里羊、羊雜、羊頭元魚、羊蹄筍、細抹羊生膾、改汁羊攛粉、細點羊頭、大片羊粉、五辣醋羊、米脯羊、糟羊蹄、灌肺羊、羊脂韭餅等。

當然，宋人雖極愛吃羊肉，但並非不吃豬肉，特別是在南食中，還是以豬肉為主的。

滿漢全席

元代時，少數民族菜餚發展得很快。在元代忽思慧所著的《飲膳正要》中，記載了許多蒙古菜、回族菜、畏兀兒菜和瓦剌菜等，食材上多選用牛羊肉及飛禽肉，採用燒烤或煮製的方法，烹製精細，富於民族特色。

元代時期，各地菜餚也出現了許多名品，如婺州（浙江金華）臘豬、江州（江西九江）臘肉、無錫燒鵝等，大都（北京）的烤鴨，也是在這一時期出現的。

據《飲膳正要》記載，烤鴨在當時被稱為「燒鴨子」，採用的是叉燒的烹製方法，將鴨子的內臟取出後，把羊肚、香菜、蔥、鹽拌勻，置於鴨腹內，用叉在炭火上烤熟。

明清時期的菜餚烹製更加多樣。在宋詡的《宋氏養生部》中，收錄的豬肉菜餚品種，包括烹豬、蒸豬、鹽煎豬、醬烹豬、酒烹豬、酸烹豬、豬肉餅、油煎豬、油燒豬、醬燒豬、清燒豬、蒜燒豬、藏蒸豬、藏煎豬等二十餘種。

這一時期，各地菜餚的風味流派已經形成。據徐珂《清稗類鈔．飲食類．各省特色之餚饌》所述：「餚饌之有特色者，為京師、山東、四川、廣東、福建、江甯、蘇州、鎮江、揚州、淮安。」

此處已經包納了現今的幾大菜系。其中的特色菜品包括北京的烤鴨、涮羊肉、滿漢全席，山東的燒海參、扒鮑魚、爆肉丁，四川的麻婆豆腐、繡球燕窩、清蒸肥坨，廣東的魚生、烤乳豬、蛇羹，浙江的火肉（火腿）、卷蹄等。

清代餚饌之集大成者，當屬滿漢全席。滿漢全席原是清代宮廷舉辦筵宴時，由滿人和漢人合做的一套全席，以北京、山東、江浙菜餚為主，後來又包含了閩、粵等地的菜餚。

滿漢全席的菜品一般為一百零八道，其中南菜五十四道，包括江浙菜三十道、福建菜十二道、廣東菜十二道；北菜五十四道，包括山東菜三十道、北京菜十二道、滿族菜十二道。可謂天南地北山珍海味無所不包。

全席烹製精細講究，食器富貴華麗，禮儀嚴謹莊重，要分三天吃完。乾隆甲申年間李斗所著《揚州畫舫錄》中記有一份滿漢全席菜單，是關於滿漢全席最早的文字記載。

滿漢全席分為六宴，均以清宮著名大宴命名，即蒙古親藩宴、廷臣宴、萬壽宴、千叟宴、九白宴和節令宴。

蒙古親藩宴是清朝皇帝為招待與皇室聯姻的蒙古親族所設的御宴。一般設宴於正大光明殿，由滿族一、二品大臣作陪。歷代皇帝均重視此宴，每年循例舉行。而受宴的蒙古親族更視

此宴為大福，對皇帝在宴中所例賞的食物十分珍惜。

廷臣宴於每年上元後一日，即正月十六日舉行，是時由皇帝欽點大學士，九卿中有功勳者參加，固興宴者榮殊。宴所設於奉三無私殿，宴時循宗室宴之禮，每歲循例舉行。

萬壽宴是清朝帝王的壽誕宴，也是內廷的大宴之一。後妃王公、文武百官，無不以進壽獻壽禮為榮，其間名食美饌不可勝數。

千叟宴始於康熙，玄燁帝席賦〈千叟宴〉詩一首，固得宴名，盛於乾隆時期，是清宮中規模最大、與宴者最多的盛大御宴，後人稱其是「恩隆禮洽，為萬古未有之舉」。

九白宴始於康熙年間。康熙初定蒙古外札薩克等四部落時，這些部落為表示投誠忠心，每年以九白（白駱駝一匹、白馬八匹）為貢，以此為信。

節令宴是指清宮內廷按固定的年節時令而設的筵宴，如元日宴、元會宴、春耕宴、端午宴、乞巧宴、中秋宴、重陽宴、冬至宴、除夕宴等，皆按節次定規，循例而行。

作為滿清宮廷盛宴的代表，滿漢全席既有宮廷菜餚之特色，又彙集了地方風味的精華；既突出了滿族菜點的特殊風味，如燒烤、火鍋、涮鍋等無一不缺，又顯示了漢族菜餚烹調的特色，扒、炸、炒、溜、燒等烹製方法皆備。

可以說，滿漢全席代表著中國飲食文化中菜餚文化的最高境界。

第三節　小吃

小吃淵源

小吃，一般指正餐之外，用來消閒和點補的食品，古時也稱「小食」。《搜神記》記載：「管輅謂趙顏曰：『吾卯日小食時，必至君家。』」《清稗類鈔》的《飲食類．點心篇》中說：「世以非正餐所食而以消閒者，如餅餌糖果之類，曰小食。小食時者，猶俗所稱點心時也。蘇、杭、嘉、湖人多嗜之。」

小吃是中國飲食文化的重要內容之一。小吃的由來源遠流長，早在南北朝時期，人們的飲食生活中已存在常饌和小吃之分了。

清人袁枚在《隨園食單》的〈點心單〉一篇中說：「梁昭明太子以點心為小食，(唐) 鄭嫂勸叔且點心，由來舊矣。作點心單。」宋人吳曾的《能改齋漫錄》一書的「點心」項中亦云：「世俗例以早晨小食為點心，自唐時已有此語。」他認為，點心和小食是同一個意思。

但實際而言，點心和小吃還是有些差別的。點心一般專指糕團餅餌、包子餛飩一類食品，小吃的範圍就要廣泛多了，有時一頓簡單的風味便餐也被稱為小吃。

「點心」是正食前後的小食，取「小食點空心」之義。「點心」一詞的出現，據考證是在唐代。唐代孫頠《幻異志・板橋三娘子》記述道：「置新做燒餅於食床上，與諸客點心。」

元代陶宗儀的《南村輟耕錄》中也有類似的說法：「今以早飯前及飯後，午前午後晡前小食為點心。《唐史》：『鄭傪為江淮留後，家人備夫人晨饌。夫人顧其弟曰：『治妝未畢，我未及餐，爾且可點心。』則此語唐時已然。」這裡的「點心」都是動詞，本義是略進食物以安慰飢腸的意思。

到了宋代，點心成了一切小吃的代稱。如宋代吳自牧《夢粱錄・天曉諸人出市》中說：「有賣燒餅、蒸餅、粢糕、雪糕等點心者，以趕早市，直至飯前方罷。」周密的《癸辛雜識前集・健啖》也云：「聞卿健啖，朕欲作小點心相請，如何？」

可見，宋代的「點心」已經成了名詞，是各種小吃的總稱，這一內涵一直沿用至今。宋代吳氏的《中饋錄》中還出現了「甜食」一詞，指甜點心。

元代的《居家必用事類全集》中出現了「從食」一詞，特指餅類小吃。在該書卷十二庚的「飲食類」中詳細記述了溼麵食品十四種、乾麵食品十二種、從食品十二種、煎酥乳酪品五種、造諸粉品（粉製食品）三種。由此可見，吃點心的習慣在當時已經十分普遍。

明清兩代，烹飪技術有了很大發展，這一時期點心的製作工藝日趨完善。清人顧仲的《養小錄》記載有「餌之屬」（粉食類）十六種、「果之屬」（果實類）二十四種、「粥之屬」（粥類）二十四種、「粉之屬」（用粉加工的食品）兩種。

李石亭的《醒園錄》中記述了清代特有的點心，如「蒸西洋糕法」和「蒸雞蛋糕法」，是採用西方的蛋糕製作技術，另外還有用「滿洲餑餑法」製作的點心。

清代對點心的描述在很多文學作品中都有展現。如《儒林外史》第二回：「廚下捧出湯點來：一大盤實心饅頭，一盤油煎的槓子火燒。」；第十回：「席上上了兩盤點心 —— 一盤豬肉心的燒賣，一盤鵝油白糖蒸的餃兒，熱烘烘擺在面前。」

《紅樓夢》的第四十一回也寫有：「一時只見丫頭們來請用點心……這盒內是兩樣蒸食，一樣是藕粉桂花糖糕，一樣是松瓤鵝油卷。那盒內是兩樣炸的。一樣是只有一寸來大的小餃兒……那一樣是奶油炸的各色小麵果子。」

可以看出，那時被稱為點心的小吃種類多樣，葷素不一，大都被統稱以「點心」一詞，而不再作具體交代。如《紅樓夢》第五十四回說：「又命婆子拿些果子、菜饌、點心之類與他二人（鴛鴦、襲人）吃去。」

京城小吃

京城小吃已經流傳了近千年的歷史。對於京城小吃的記載較為全面的文字，有雪印軒主的《燕都小食品雜詠》等。

北京作為都城，先後有不同民族的統治者在此生活，因而京城小吃彙集了漢族、回族、蒙古族、滿族等各族特色，並沿襲了宮廷御宴風味。如回族的清真小吃，蒙古族以乳酪為原料的奶茶、以油麵奶皮為茶的麵茶、用湯煮糙米為飯的孩兒茶等。

在烹調方法上，也是煎、炒、烹、炸、烤、涮、烙各式齊全，融合了民族、民俗與地域特色。

明代都城的北遷，帶來了南方稻米的種植技藝，和製作年糕的烹調方法，於是北京開始有了以米為原料的小吃製品，這一原料也為回族的清真小吃所採納。

清代定都北京後，滿族小吃也隨之進入京城，其中最有名的滿族小吃就是薩其馬。薩其馬是清代關外三陵祭祀的祭品之一，其製作要經切、碼兩道工序。

「切」滿語為「薩其非」，「碼」為「碼拉木壁」，因此擇其兩個詞音頭取名「薩其馬」，原意為「狗奶子蘸糖」，此名源於薩其馬最初是用東北的一種形似狗奶子的野生漿果為輔料製成的。

薩其馬的做法是，先把蒸熟的米飯放在打糕石上用木槌反覆打成麵團，然後蘸黃豆麵搓拉成條狀，油炸後切成塊，再撒上一層較厚的熟黃豆麵。

後來，人們用白糖代替熟豆麵，就成了「糖纏」。清代富察敦崇的《燕京歲時記》中說：「薩其馬乃滿洲餑餑，以冰糖、奶油合白麵為之，形如糯米，用不灰木烘爐烤熟，遂成方塊，甜膩可食。」

薩其馬色澤米黃，口感酥鬆綿軟，香甜可口，是著名的京式四季糕點之一。

還有一些有名的京城小吃，先是發源於清代的宮廷御膳，而後流入民間，如焦圈、豌豆黃、肉末燒餅、小窩頭等。

焦圈是京城百姓喜愛的一種食品，其色澤深黃，形如手鐲，焦香酥脆，傳統吃法是燒餅夾焦圈，或喝豆汁就焦圈。

豆汁也是京城名食，《燕都小食品雜詠》云：「糟粕居然可作粥，老漿風味論稀稠。無分男女齊來坐，適口酸鹽各一甌。」，「得味在酸鹹之外，食者自知，可謂精妙絕倫。」這種吃法，是將炸得焦黃酥透的焦圈就著豆汁來吃，再配上老鹹水芥絲醬菜，拌上辣椒油，口味獨特。

豌豆黃是京城春夏季的應時小吃，按照北京習俗，農曆三月初三要吃豌豆黃。據傳豌豆黃原為回族民間小吃，後傳入清代宮廷。其是將豌豆磨碎、去皮、洗淨、煮爛、糖炒、凝結、切塊而成，傳統做法還要嵌以紅棗肉。

清宮的豌豆黃，用上等白豌豆為原料，成品色澤淺黃、純淨細膩、香甜綿軟、入口即化，因深得慈禧喜愛而出名。

《清稗類鈔》的《飲食類．點心篇》中記述「京都點心」曰：「京都點心之著名者，以麵裹榆莢，蒸之為糕，和糖而食之。以豌豆研泥，間以棗肉，曰豌豆黃。

以黃米粉合小豆、棗肉蒸而切之，曰切糕。以糯米飯夾芝麻糖為涼糕，丸而餡之為窩。窩，即古之不落夾是也。」

清真小吃也是京城小吃的主要部分。自唐代伊斯蘭教傳入中國始，到了元代，清真食品被大量引入京城。

清真小吃的手藝基本都是家族單傳，各有獨特的風味，字型大小也頗有特色，多以食品加店主姓的方式命名，如「羊頭馬」、「爆肚馮」、「年糕楊」、「乳酪魏」等。

據《燕京小食品雜詠》記載：「十月燕京冷朔風，羊頭上市味無窮。鹽花灑得如雪飛，薄薄切成與紙同。」這說的就是「羊頭馬」高超的操刀技藝。

清真小吃極大地豐富了北京小吃的口味和種類，並逐漸形成了以回民小吃為主的格局。

艾窩窩是傳統的清真風味小吃。它形似雪球，口感黏軟，涼爽香甜，十分可人。艾窩窩歷史悠久，約出現於明代，明萬曆年間內監劉若愚的《酌中志》中云：「以糯米夾芝麻為涼糕，丸而餡之為窩窩，即古之『不落夾』是也。」

清代詩人李光庭在《鄉言解頤》中記述了艾窩窩的做法：「窩窩以糯米粉為之，狀如元宵粉荔，中有糖餡，蒸熟，外糝薄粉，上作一凹，故名窩窩。田間所食，則用雜糧麵為之，大或至斤許，其下一窩如舊，而覆之。」

據傳，艾窩窩在明代深得帝後喜愛，故曾名「御艾窩窩」，後傳入民間，成了著名的清真小吃。民間曾有詩句云：「白黏江米入蒸鍋，什錦餡兒粉麵搓。渾似湯圓不待煮，清真喚作艾窩窩。」

京城本地的小吃，富有濃厚的地方民俗特色，各個年節都有不同的吃食，其中特別包含著對「食禮」的講究。

如大年初一要吃「餛飩」，即水餃，以驅邪求福；正月要吃年糕，寓意年年高升；立春要吃春餅，並要從頭到尾「咬春」，意在留住春光、求得吉祥；正月十五要吃元宵，取意團圓美滿；端午要吃粽子，憑弔愛國詩人屈原；中秋要吃月餅，祈願人月團圓；臘八要吃「臘八粥」，以慶祝豐收等。

南味北上

「糕」字最早見於漢代，許慎《說文解字》釋為「糕，餌屬」。「餌」即古老的糕餅之類的食品，早在《周禮·天官》中，就有「籩人羞籩之實，糗餌粉餈」之說。

所謂「糗餌」，是將米麥炒熟、搗粉製成的食品；「粉餈」，是用稻米、黍米之粉做成的食品，上黏豆屑。鄭玄注為：「此二物（糗餌、粉餈），皆粉稻米、黍米所為也，合蒸曰餌，餅之曰餈。」由此可知，中國最早的糕點約源於商周時代。

「餑餑」一詞始於元代。元世祖忽必烈定都大都（今北京）後，一些蒙古食品隨之進入京城，市面上出現了以經營蒙古餑

餑為主的韃子餑餑鋪。

明朝永樂帝遷都北平（北京）後，帶來了南方糕點，又稱南果，經營這種糕點的鋪子稱南果鋪。清朝入關後，又帶來了滿洲餑餑。

清末民初以來，由於各民族飲食文化的長期融合，糕點的種類逐漸演化固定為滿漢特色相結合的北方糕點，稱「北案兒」；南方糕點稱「南案兒」；清真糕點稱為「素案兒」等。

以北京為例，北方、南方、清真三種不同的糕點風味，各自都有經營成熟的名號。據清代崇彝的《道咸以來朝野雜記》所述：「瑞芳、正明、聚慶諸齋，此三處，北平有名者。」

其中最早的是聚慶齋南果鋪，開業於明天順二年（一四五八年）。正明齋開業於清咸豐十年（一八六〇年），原本經營滿漢糕點，但其吸收了南果的長處，逐漸將南、北案相融合。祥聚公清真糕點鋪開業於一九一二年，以配料講究的「三個五」原則（用五斤香油、五斤白糖、五斤白麵）而聞名。

這三家老字型大小集中在北京前門大柵欄附近，分別是南案、北案和素案的代表。

南方糕點一般源自江、浙、滬、閩、粵等地區，與北方糕點不同，南方糕點的口味更為清新細軟。典型的南方糕點有梅花蛋糕、龍鳳喜餅、重陽花糕、鮮藤蘿花餅、太師餅、杏仁酥、椒鹽三角酥、豬油夾沙蛋糕等。

此外，南果鋪裡也常賣一種「南糖」，即桂林酥糖、桂花寸金糖、桂花芝麻片、花生酥、花生糖的總稱。南糖始產於清代乾隆年間，以芝麻仁、花生仁、白糖為主要原料，具有香、甜、鬆、酥、脆的獨特風味，是桂林的著名特產。

稻香村是南味糕點北上的代表。「稻香村」之名，原是長江中下游地區食品店常見的字型大小，《清稗類鈔》有云：「稻香村所鬻，為糕餌及蜜餞花果鹽漬園蔬食物，盛於蘇。」

清光緒二十一年（一八九五年），南京人郭寶生在北京前門大柵欄創辦了「稻香村食品店」，經營南味糕點、糖果、肉製品等南味食品。稻香村創始以來，採用前店後廠、自產自銷的經營模式，當時稱此為「連家鋪」。

稻香村生產的冬瓜餅、姑蘇椒鹽餅、豬油夾沙蛋糕、杏仁酥、南腿餅等在京城是初次露面。這些正宗精緻的南方糕點深受京城百姓歡迎，稻香村名噪一時。關於稻香村的盛況，近人徐凌霄在《舊都百話》中描述道：

「自稻香村式的真正南味，向北京發展以來，當地的點心鋪受其壓迫，消失了大半壁江山。現在除了老北京逢年過節還忘不了幾家老店的大八件、小八件、自來紅、自來白外，凡是場面上往來的禮物，誰不奔向稻香村？」

稻香村的食品有「四時三節」之說，即春節的年糕、上元的元宵、端午的粽子和中秋的月餅。

稻香村食品的用料特別講究正宗。核桃仁要山西汾陽的，取其色白肉厚，香味濃郁，嚼之回甜；玫瑰花要用京西妙峰山的，且還要帶著朝露採摘，取其花大瓣厚，氣味芬芳；龍眼用福建莆田的；火腿用浙江金華的等。

在烹製時間、火候掌控和食品造型上，也特別看重師傅的經驗技藝，講究「憑眼」、「憑手」。

後來，為創新產品特色，店主又從上海、南京、蘇杭、鎮江等地請來名師，相繼推出了肉鬆餅、鮮肉餃、棗泥麻餅、醬鴨、筒鴨、餚肉、雲片糕、寸金糖等風味獨特的南食新品。

稻香村的糕點一時成了走親訪友的不二餽贈佳品，盛名遠播。民國年間，稻香村在天津又開設了明記、森記、全記、源記、合記、福記等各號，帶動了天津南味食品的發展。

糕點話舊

大體而言，中國的糕點以京式、蘇式和廣式為三大主流。除此之外，各地依照不同的物產和民俗，都自有特色濃郁的地方糕點，風味多樣，種類繁多。

其中，具有代表性的糕點有造型多變、爽口酥鬆的揚式糕點，軟糯香脆、甜而不膩的川式糕點，甜中帶鹹、鹹中透鮮的寧紹糕點，以糯米為主料的閩式糕點，以及以鬆餅糕團為主的

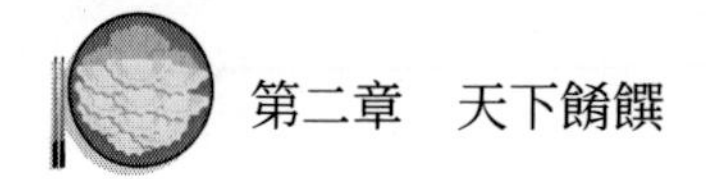

滬式糕點等。

蘇州是中國古代的繁華之地，糕點製作歷史悠久，早在宋代就形成了以蘇州為中心的蘇式糕點流派。宋人吳自牧的《夢粱錄》的〈葷素叢食店〉載：「吳（蘇州）越（杭州）本為一家，越與吳分野，風土大略相同。……市食點心四時皆有，任便索喚不誤主顧；銀炙餅、牡丹餅、開爐餅、甘露餅、蜜糕、鏡面糕、乳糕、慄糕、棗糕……」這裡共記有一百多個糕點品名，其中還特別記載了蘇州常熟的粢糕。

明清時期，蘇式糕點發展至鼎盛。在《姑蘇志》等書中，記錄了很多當時的蘇點佳品，如麻餅、花糕、蜂糕、百果蜜糕、脂油糕、粉糕、火炙糕、三層玉帶糕等。

到了清代，蘇式糕點已發展至一百三十餘種，在分類上也較為規範。

蘇式糕點較為重視口味的醇厚甜美，糕品大都精巧細軟，不少品種還貫以滋補的理念。

蘇式糕點的選料也十分講究，素來不用合成色素和香料，而是根據糕點的風味選用相應的果仁、果肉、果皮、花料等來增加天然的香味和色彩，如其餡料多用果仁、豬板油丁，調香則用以桂花、玫瑰等。蘇式糕點的名品之最是蘇式月餅和豬油年糕。

講求與時令相配伍是蘇式糕點的又一特色。蘇地早有「春餅、夏糕、秋酥、冬糖」之說，據史料記載，蘇式糕點的春餅近二十種，有酒釀餅、雪餅等；夏糕十餘種，有薄荷糕、綠豆糕、小方糕等；秋酥近三十種，有如意酥、菊花酥、巧酥、酥皮月餅等；冬糖十餘種，有芝麻酥糖、葷油米花糖等。

廣式糕點是以廣東為中心的糕點製作流派。廣式糕點種類繁多，淵源龐雜，它以嶺南民間小吃為基礎，同時吸取北方各地包括宮廷麵點的特色，再加之西式糕餅等烹製技藝發展而成。

廣式糕點一般皮薄餡多，餡料多選用欖仁、椰絲、蓮蓉、糖漬肥膘等，油潤軟滑，重糖重油重蛋。名品有杏仁餅、雞仔餅、龍鳳餅、老婆餅、馬蹄糕、煎蘿蔔糕、皮蛋酥、白糖倫敦糕、淮山鮮奶餅、酥皮蓮蓉包等。

廣式糕點在唐宋時期就已初具規模，到了明清時期影響漸大，清代時已經出現了舂米行、糕粉行、麵粉行和餅食行等各色分工。

清人屈大均的《廣東新語·食語》之「茶素」篇中，記載了廣州的煎堆、米花、沙壅、白餅、黃餅、雞春餅、酥蜜餅、油糲、膏環、薄脆、粽子、重陽糕、冬丸、粉果、粉角等十多個點心品種的具體製作方法：

「廣州之俗，歲終以烈火爆開糯穀，名曰炮穀，以為煎堆心餡。

煎堆者，以糯粉為大小圓，入油煎之，以祀先及饋親友者也。又以糯飯盤結諸花，入油煮之，名曰米花。

以糯粉雜白糖沙，入豬脂煮之，名沙壅。以糯粳相雜炒成粉，置方圓印中敲擊之，使堅如鐵石，名為白餅。

殘臘時，家家打餅聲與擣衣相似。甚可聽。又有黃餅、雞春餅、酥蜜餅之屬。

富者以餅多為尚，至寒食清明，猶出以餉客。尋常婦女相餽問，則以油糤、膏環、薄脆。油糤、膏環以麵，薄脆以粉，皆所謂茶素也。端午為粽，以柊葉裹者曰灰粽、肉粽，置蘇木條其中為紅心。

以竹葉裹者曰竹筒粽，三角者曰角子粽。水浸數月，剝而煎食，甚香。重陽為糕。

冬至為米糍，曰冬丸。平常則作粉果，以白米浸至半月，入白粳飯其中，乃舂為粉，以豬脂潤之，鮮明而薄以為外。茶蘼露、竹胎、肉粒、鵝膏滿其中以為內。」

這段話可以大致看出廣式糕點的製作特色。在原料上，廣式糕點擅長米粉製品。上面說到的煎堆、米花、沙壅、白餅等，即炸元宵、油糍、糖糕、乾糕等，幾乎都是由米或米粉製成。

在工藝上，廣式糕點的麵皮和餡心都十分精緻講究。如粉果的麵皮是先將白米浸泡半月，之後加米飯舂成粉，再加入豬油拌潤而成；而其餡心則採用了不大常見的蘼露、竹胎、肉粒、鵝膏等配料，極富地域特色。這樣蒸熟的點心油光透亮，輕薄

爽韌，色味俱佳。

廣式糕點還有一個獨特的風格就是中點西製，這與鴉片戰爭後西方飲食文化傳入中國有關。西餐中的點心品種和製作技巧傳入廣州後，經本地麵點師的吸收和改進，演變成為具有嶺南特色的廣式點心，如蛋撻、餐包、奶油餅乾、馬拉糕等。

另外，以揚州和鎮江為中心的揚式糕點也很著名。揚式糕點又稱淮揚細點，多選用上等細糧、優質油脂、精製食糖和蛋品等作為主料，以芝麻、果仁、蜜餞、肉類、乳製品、松子等作為餡料，輔以桂花、玫瑰等天然香料，製成形態各異、風味不同的餅、糕、酥、片等品種，具有甜、軟、糯、鬆、香、脆的風味特色。傳統的揚式糕點有「小八件」，其以豆沙、棗泥、椒鹽、五仁、麻香做餡心，造型講究，五味俱全。

從古至今，世界各地都有自己的傳統小吃，特色鮮明，風味獨特。小吃大都因地取材，因而反映著當地的物產風貌和社會生活，是飲食文化的一個重要部分。而作為一種故鄉的味道，它所承載的人們的離愁與思念，流傳了一代又一代。

第二章　天下餚饌

第三章　席上五味

第一節　五味和五德

五味由來

古人的尋味之旅充滿著生活的智慧。鹽是中國先民最早發現的呈味物質，在遠古時候，人們已經開始吃鹽。

相傳夏禹時期就已經開拓了鹽田。至商殷時代，鹽便成了人們日常生活的基本調味料。

關於鹽的由來，許慎在《說文解字》中釋為：「鹵也，天生曰鹵，人生曰鹽。」所謂「天生」，從「鹽」的字形便可讀出，繁體寫法「鹽」的上部包含著「鹵」字。《說文解字》釋「鹵」為「西方鹹地也」，就是西方鹽澤之地天然析出的鹽粒，故而「天生曰鹵」；鹵又經過濾煮加工結晶成鹽，故有「人生曰鹽」。

鹽作為鹹味唯一的呈味物質，被使用了相當漫長的一段時間。直到周代，才出現了另一種重要的鹹味調料 —— 醬。

《周禮》記載了天子祭祀或賓客用醬「百二十甕」一事。

但周代的醬並非以今天的豆類為原料。《說文・酉部》釋醬為「醢也，從肉酉」。漢代鄭玄《周禮》注為「醬，謂醢、醢也」。所謂「醢」，是一種用肉醃製的醬，既可調味，也可直接食用。這就是說，周代的醬，其實是肉醬和以酸味為主的醢這兩類發酵食物的總稱。

《尚書．說命》記有「若作和羹，爾惟鹽梅」，說的是用鹽的鹹味和梅子汁的酸味來調羹的味道。

梅子是最早作為酸味呈味物質的食物，梅子果實的汁液便是最早的天然酸味調料。對此，《左傳》也有記載：「和如羹焉，水火醯醢鹽梅，以烹魚肉。」

大約到了漢代，又出現了以糧食為原料發酵而成的酸味調料——酢，即醋。《齊民要術》記錄了當時醋的詳細製法：

「七月七日取水作之。大率麥䴷一斗，勿揚簸；水三斗；粟米熟飯三斗，攤令冷。任甕大小，依法加之，以滿為限。先下麥䴷，次下水，次下飯，直置勿攪之。以棉幕甕口，拔刀橫甕上。一七日，旦，著井花水一碗。三七日，旦，又著一碗，便熟。」

甜味也是人類最早感知的味型之一，因其富有愉悅性的口感而為人們喜愛。在《禮記．內則》中有「棗、慄、飴、蜜以甘之」之說，這裡「飴」指的是麥芽糖，「蜜」即蜂蜜。

《楚辭．招魂》有「胹鱉炮羔，有柘漿些」之語，「柘漿」指蔗漿，即甘蔗汁。麥芽糖、蜂蜜與甘蔗汁都是早期甜味呈味物質的代表。

到了後來，人們廣泛採用機械方法來壓榨甘蔗汁，壓出的蔗汁又被加工成軟體或固態的「餳」，即糖。到唐代後，蔗糖的提純工藝不斷發展，「糖霜」——白糖便製作而成了。

作為五味之一，苦味也是人類的一種基本味覺。但苦味一般不用以調味，而是多見於日常飲品之中，如酒和茶。

一些天然的苦味植物，大多具有清熱瀉火的特性，也廣為食養所用。《禮記》中提到苦味，認為是用豆豉的結果。《楚辭．招魂》寫有「大苦鹹酸，辛甘行些」。王逸注其為「大苦，豉也」。

此外，還有一類食物，其本身雖非味覺，但因伴有刺激性的揮發香味，可使人產生特殊興奮的感覺，古人也列之為五味之一，即「辛味」。《說文解字．辛部》釋為「辛痛即泣出」。

辛味的呈味物質很多，自先秦開始，文學作品中就有椒、桂、薑、蔥、蒜、辣椒、芥等的記述，如《詩經．唐風．椒聊》有「椒聊之實，蕃衍盈升」，《楚辭．離騷》有「雜申椒與菌桂」等。《呂氏春秋．本味》中的「陽樸之薑，招搖之桂」，說的便是當時薑、桂（皮）中之名品。

有關「五味」之說，最早的記載是在先秦的典籍中，《呂氏春秋》有「儀狄始作酒醪，變五味」之說，《世本》中也有「儀狄始作酒醪，變五味」的記述。

到西周以後，「五味」一說便頻見於各種文獻。這時人們已能從呈味物質中分辨出各種滋味，並大體上分之為「五味」。《周禮．天官．疾醫》中記載：「以五味、五穀、五藥養其病。」鄭玄在註釋這段話的時候，認為五味是指醯、酒、飴、蜜、薑、鹽這五種物質，還不是現在的五味。

《周禮．天官》中說：「凡療瘍，以五毒攻之，以五氣養之，以五藥療之，以五味節之。凡藥，以酸養骨，以辛養筋，以鹹養脈，以苦養氣，以甘養肉，以滑養竅。」《禮記．禮運》中說：「五味、六和、十二食，還相為質也。」鄭玄認為此處之五味是指酸、苦、辛、鹹、甘。這樣才明確了現在的五味——酸、苦、辛、鹹、甜。

五味漸漸為人所識，「五味調和」的理論也由是而生。《呂氏春秋．本味》中有一段有關「五味調和」的精闢論述：

「調合之事，必以甘、酸、苦、辛、鹹。先後多少，其齊甚微，皆有自起。鼎中之變，精妙微纖，……故久而不弊，熟而不爛，甘而不噥，酸而不酷，鹹而不減，辛而不烈，淡而不薄，肥而不膩。」

古人認為，五味調和，首先是要超越單一的滋味，並融合多種味型，還要精準各味調料的順序和入量，最終擇取五味中間而用。

「五味調和」的理論，既表達了先人們烹飪實踐的理論標準，也有趣地契合了傳統儒家哲學的中庸思想，更蘊涵著中國文化對「和」的審美追求。

五味比德

中國食文化五味的提出，在一定程度上是基於中國傳統文化中的五行學說的。

五行學說認為，世界是由木、火、金、水、土這五種基本物質構成的。五行的「行」字，便是「執行」之意，故五行中包含著變動運轉的觀念，即五種基本物質相生相剋，周而復始，宇宙萬物的結構關係和運動形式都與這五種基本物質息息相關。

人體本身即一個宇宙，五行學說將人體宇宙與外部世界的關聯，界定為肝對木，心對火，肺對金，腎對水，脾對土。就天地而言，方位與五行又被配屬為東對木，南對火，西對金，北對水，中對土。以四時而言，季節與五行相對應為春對木，夏對火，秋對金，冬對水，季夏對土。

所謂「五德」，這裡指的是五行的屬性，即水德、火德、木德、金德和土德。對於五德的解釋，《尚書．洪範》中有記載：「五行：一日水，二日火，三日木，四日金，五日土。水日潤下，火日炎上，木日曲直，金日從革，土爰稼穡；潤下作鹹，炎上作苦，曲直作酸，從革作辛，稼穡作甘。」這裡指出了「五德」、「五行」、「五味」之間的配屬連繫，即鹹配水德，苦配火德，酸配木德，辛配金德和甘配土德。

鹹味在五味之中產生最早，也是飲食烹飪的根本滋味。在傳統中醫的理論實踐中，鹹有著軟堅散結的功效。

上文所引「水曰潤下，……潤下作鹹」，就是說水德具有寒涼、下行、滋潤的特質。以鹹味比水德，因為鹹味與水德化解的作用是相若的。

在五味中，因口感生澀，苦味很少被用以菜餚調味，而多是存在於飲料或植物性食物天然的滋味中。

除天然植物外，在古代飲食裡，最具苦味的典型之物就是酒。鄭玄注《周禮・天官》認為「酒則苦也」。上文所引「火曰炎上，……炎上作苦」，是將火德炎上的特質，與酒漿溫熱的品性相互觀照。

「木曰曲直，……曲直作酸」，此處的「曲」同「麯」，說明酸產生於一種發酵物，因而可以開胃生津。與此相應，木德代表生長、舒暢之意，所謂酸配木德。《禮記・月令》說「春三月，其味酸」，春天萬物生發，人體舒展條達，此時多進酸味正可健胃開食。

辛在五味中比較特殊，它雖不是可以品出的滋味，卻可以揮發出香味。與其他四味相對溫和的口感不同，辛天然具有一種乾脆刺激的烈性。「金曰從革，……從革作辛」說的是金德的肅殺、變革之性，在五味中，唯有辛之烈性可與其匹配。

五行方位之中，土德居於中心。所謂「爰稼穡，……稼穡作甘」，被注為「甘味生於百穀」。「百穀」就是糧食，五穀為養，是人類生存的基本需求，這與土德生化、承載、受納的特質十分相似。而且，與土德居中的地位相應，甘味在飲食烹調中除了可以調味外，也有著中和的作用。比如，菜餚若鹹味過重，稍放些糖就可以減輕鹹度；在滋味濃重的菜中略放些糖，也可造成調和、提鮮的效果。

其實，源於五行學說的五味比德論，既有合理性，也存有附會之處。其較有意義的價值，在於對自然世界萬物結構與存在關係的探索。

在傳統中醫理論中，參照五行學說，五味對於五臟也有所配屬。《素問．至真要大論》中說：「夫五味入胃，各歸所喜。故酸先入肝，苦先入心，甘先入脾，辛先入肺，鹹先入腎。」這就是說，對於人體而言，酸與肝、苦與心、甘與脾、辛與肺、鹹與腎是一一相配的。

又根據五味與四時的對應關係，《周禮．天官》提出了相應主張：「凡和，春多酸，夏多苦，秋多辛，冬多鹹，調以滑甘。」這是告訴人們，隨著四季流轉，在飲食上要相應變化，春天多吃一些酸味的食物，夏天多吃一些苦味的食物，秋天多進辛味，冬天多食鹹味。這樣可以順和自然，頤養身體。

伊公說味

《老子．六十章》說：「治大國，若烹小鮮。」這句話在中國傳統政治思想中有著重要的地位，融會了老子「道法自然」的主張。

「小鮮」即小魚，老子在此比喻為政要安靜無擾，清靜無為，便可相安無事。借飲食以喻政，是古代中國的一個傳統。

《呂氏春秋．本味》篇中，就記載了一段著名的「伊公說味」的論政。

伊公即伊尹，商朝輔國宰相，伊為姓，尹為官名。

伊尹初到商國時，成湯在宗廟為他舉行除災祛邪的儀式，點燃葦草以驅除不祥，殺牲塗血以消災闢邪。次日上朝，君臣相見，伊尹與成湯說起天下最好的味道。成湯問伊尹是否有辦法可以製作各味調料，伊尹回答說，君的國家小，不可能都具備，如果得到天下，當了天子就可以了。

在伊尹看來，作為飲食原料的動物，以其氣味可以分為三類：生活在水裡的味腥，食肉的味臊，吃草的味羶。儘管它們原來的氣味都不好，但都可以做成美味的佳餚，關鍵是要按照不同的烹飪方法。

菜餚要以酸、甜、苦、辣、鹹五味和水、木、火三材來烹調。鼎中多次沸騰和變化，都要靠火候來調節，有時要急火，有時要文火，便可滅腥去臊除羶，轉臭為香。只有這樣才能不失去食物的品質，烹出美味。

調味的學問，在於甘、酸、苦、辛、鹹五味的巧妙配合。加入調料的先後順序和用量的多少，都是有講究的，劑量的差異也是很微妙的，而這種精微的變化又難以用語言表述清楚。

若要準確地把握食物精微的變化，還要考慮陰陽的轉化和四季的影響。這樣才能使菜餚成為久而不敗、熟而不爛、甜而不過、酸而不酷、鹹而不澀、辛而不烈、淡而不寡、肥而不膩的美味。

然後，伊尹以肉、魚、蔬菜、調料、穀、水、果為類列舉出了數十種天下的美味。「天子成則至味具」是這篇宏論的主旨。因為這些美味中沒有任何一種產在商朝所在的亳地，所以，伊尹強調不先得天下而為天子，就不可能享有這些美味。

而天子不可強為，必先行道義。成道者，不在他人而在自己，自己成就了道義便可做成天子。天子行仁義之道以化天下，太平盛世自然就會出現。

「伊公說味」的論政很為後人稱道。尤其是其中提出的「三材五味」論，已經在食材選料、火候、調味等方面形成了系統化的烹飪理論體系，象徵著中國早期階段食文化的新高度。

伊尹被後世稱為「烹飪之聖」，其中既包含著對其精闢食論的讚賞，更是向其精深食道的致敬。

第二節　食物和身分

百姓理想

《戰國策》裡記載了這樣一個故事：

齊國有個叫馮諼的人，託人向孟嘗君表示希望成為其門客，孟嘗君在了解了馮諼並沒有什麼特殊才能的情況下，仍然接受了他。

孟嘗君身邊的人以為此人無足輕重，便以「草具」的規格安排他的夥食。所謂「草具」，古人有兩種解釋，指粗糙的蔬菜，或普通的蔬菜。這兩個意思其實可以通用，因為在過去沒有肉的菜便不算是精緻的。

馮諼吃了幾天以後，就靠在柱子上，敲著長劍，唱道：「長劍啊，我們還是回去吧！沒有魚吃啊！」人們將此事報與孟嘗君，孟嘗君說：「給他魚吃吧，將他等同於門下之客。」

由此看來，在孟嘗君門下，客人是分等級的，而區分等級的一個主要標準就是食物。蔬菜等級是最低的，也是平民的日常菜餚，而高一級的就是魚，比魚又高一級則是肉。

孟子在遊說齊宣王時，設計了一個理想社會的藍圖：「五畝之宅，樹之以桑，五十者可以衣帛矣。雞豚狗彘之畜，無失其時，七十者可以食肉矣。」

古人尊老，而將「七十歲的老人可以吃肉」看作是一個社會理想，可見吃肉是上古時期一個很高的等級標誌。

貴族排場

孟子所說的七十歲才可以吃肉，只是對一般的平民而言，貴族則是無餐不肉的。古代貴族的飲食等級主要是靠數量和類別來區分。

《周禮・天官・膳夫》中說天子進餐時：「食用六穀，膳用六牲，飲用六清，羞用百有二十品，珍用八物，醬用百有二十甕。」其中，六穀是指稌、黍、稷、粱、麥、苽六種主食；六牲是指馬、牛、羊、豖、犬、雞六類肉食；六清是指水、漿、醴、涼、醫、酏六種飲料；羞是指有滋味的食物，是將牲、禽獸進行加工所成。八珍是指淳熬、淳母、炮豚、炮牂、擣珍、漬熬、肝膋，它們都透過複雜方式或稀少材料製成的珍餚；醬是指調味料。

由此看來，天子的平常飲食，也是應有盡有，而且為世人所罕見。

在宴會場合，這種等級秩序就更為明顯。據《儀禮・公食大夫禮》記載，天子或諸侯在宴請上大夫時，有八豆、八簋、六鉶、九俎、魚臘二俎，並有二十味庶羞之外，另加雉、兔、鶉、鴽。在宴請下大夫時則各減兩項。

顯然，食物等級是社會等級的投影，天子、諸侯、大夫們嚴格的食物等級安排，已經遠遠超出人的自然需求，而成為一種政治形態。

實際上，飲食在周朝並不僅僅是口腹之欲，也不只是娛樂，它本身就是禮儀的一部分，要顯示人間的秩序和價值標準。因此，它必然要展現出禮樂文化的本質特徵，也就是有等級差別的禮儀性。

在歷史的早期階段，食物是人們最為重要的消費。因此，以食物作為身分和地位的標準是非常正常的現象。

《左傳》中曹劌稱貴族為「肉食者」，孟子鄙夷所謂「食前方丈」的大丈夫，漢代主父偃所說「丈夫生不五鼎食，死即五鼎烹耳」等，都說明了飲食中所包含的社會等級的資訊。

當然，隨著社會的發展，物質材料的豐富，飲食習慣也會產生變化。根據《鹽鐵論．散不足》所述，到西漢中期，古代的飲食習慣有了很大的突破，無論是食材、食具、飲食方法還是飲食市場，都不同以往。比如，書中是這樣描述當時社會的肉食狀況的：

「古者，庶人糲食藜藿，非鄉飲酒膢臘祭祀無酒肉。故諸侯無故不殺牛羊，大夫士無故不殺犬豕。今閭巷縣佰。阡伯屠沽，無故烹殺，相聚野外。負粟而往，挈肉而歸。夫一豕之肉，得中年之收，十五斗粟，當丁男半月之食。」

由此看來，古來的飲食習俗，尤其是那些有著明顯地位劃分的限制，都被逐層突破。而飲食等級的區分主要已不在食材，而在於規模和食器了。

如漢代宮廷中設太官、湯官、導官負責皇帝的「膳食」、「餅餌」、「擇米」，各官下又有多種丞，各司其職。《三國志·魏書·衛覬傳》云：「天子之器必有金玉之飾，飲食之餚必有八珍之味。」可見天子之食的等級特點已轉到排場之上了。

天子氣派

據《武林舊事》卷九載，紹興二十年（西元一五一年）宋高宗幸臨清河郡王張俊宅第，張俊於開筵前供奉的果品、香藥近百種，下酒饌品十五盞：

「第一盞，花炊鵪子等；第二盞，奶房簽等；第三盞，羊舌簽等；第四盞，鈍掌簽等；第五盞，肚胘膾等；第六盞，沙魚膾等；第七盞，鱔魚炒鱟等；第八盞，螃蟹釀棖等；第九盞，鮮蝦蹄子膾等；第十盞，洗手蟹等；第十一盞，五珍膾等；第十二盞，鵪子水晶膾等；第十三盞，蝦棖膾等；第十四盞，水母膾等；第十五盞，蛤蜊生等。」

並且，還有七種插食，及勸酒果子十種等，這樣的宴席可謂豐盛至極。

對於陪同皇帝來訪的官員，則分成三等接待。第一等是太師、尚書左僕射、同中書門下平章事秦檜等，第二等是參知政事錢若水等。此下還有第三等、第四等和第五等，他們的飲食各有差別，皆不相同。

及至明清時期，帝王飲食更為鋪張。據《明史·食貨志》載，英宗所用，可謂竭盡奢華：「膳食器皿三十萬七千有奇，南工部造，金龍鳳白瓷諸器，饒州造，朱紅膳盒諸器。」

而清朝的後宮則有著可能是世界上最龐大的飲食管理和製作機構——「御茶膳房」。御茶膳房由茶房、清茶房和膳房三部分組成。膳房又分為內膳房和外膳房，內膳房下設葷局、素局、點心局、飯局、掛爐局和司房等。

此外，還有一個「掌關防管理內管領事務處」，下設官三倉、恩豐倉、內餑餑房、外餑餑房、酒醋房、菜庫等，皆是為帝后飲食服務的機關。

如此龐大的飲食場面，其所要展示的，恰是皇帝至高無上、萬眾景仰的等級秩序。

以飲食內容、排場所構成的等級，也往往受到各種形式的挑戰。比如西晉時期的何曾，位列三公，日食萬錢。何曾每次赴晉武帝的御筵，都只吃由自己帶的家廚烹製的食物，而不肯用皇家的膳食，晉武帝也只能由他。其子何劭官至太子太師，飲食排場更甚其父，每飯「必盡四方珍異，一日之供，以兩萬錢為限」，人皆以為何劭自家宴席超過了皇家御膳。

這在一定程度上突破了既有的飲食等級秩序，是對皇帝權威的一種挑戰。但晉武帝本人就是個非常奢侈之人，何曾父子在飲食上的極端靡費和講究，恰恰符合晉武帝的欣賞心理，故能被其所容忍。

又如明朝開國皇帝朱元璋，出身布衣，深知稼穡之艱，「御膳亦甚儉，惟奉先殿日進二膳，朔望日則用少牢」。也就是說，平時每日兩頓飯，只有到初一、十五才吃豬羊肉。這種節儉也是不符合飲食禮儀的，所以皇帝本人也堅持不了多久。

據《大政紀》載，洪武二十七年（西元三九四年），朱元璋命工部在京城建了十五座大酒樓，交由民間經營，賜錢給百官前往宴飲。這些酒樓非為朱元璋所用，卻反映出他對奢侈飲食的嚮往。

第三節　席上禮節

古鄉飲酒禮

《禮記．禮運》云：「夫禮之初，始諸飲食，其燔黍捭豚，汙尊而抔飲，蕢桴而土鼓，猶若可以致其敬於鬼神。」

人類禮儀，源於宗教中對鬼神的祭祀儀式，而祭祀鬼神首先要取悅鬼神，最主要的方式就是供奉飲食。所以說，禮儀起始於飲食。

從宗教儀式到聚族而居，再到政治活動，宴飲在中國早期的社會構成中所產生的作用是十分重要的。而無論是天人關係、宗族關係、姻親關係、君臣關係、友朋關係，都能透過特定的宴飲活動得以展示和加強。

飲宴，是中國社會禮節中最為重要的一環，有著豐富的表現形式和內涵。在《周禮》、《儀禮》、《禮記》中，多處談及宴飲需遵守的禮節。從君臣、長幼、主客的座次，是否用樂，用餚先後到相互敬酒的規矩；從菜餚酒飯的順序、菜餚和醯醬的擺放位置到殘席的收拾。尤其是舉喪期間的各種飲食規矩，應有盡有，由此不難看出古人對宴飲中禮儀行為的重視。

諸侯之鄉學，三年一次大比，選出賢能之人進獻給國君，鄉里大夫要將這些人才當作嘉賓，舉行宴會，稱為鄉飲酒禮。

這個禮儀的方式非常複雜。首先，鄉大夫與鄉中退職的老人共同商量，將人才分為「賓」和「介」兩等。此後就是主人與賓、介之間進行的召引、登堂入座、陳設酒肉、往來拜謝、祭酒肉、勸酒等複雜儀式。等到酒酣之時，開始為樂工設座席，表演開始。

表演有樂工（通常是盲人）四人，鼓瑟二人，還有兩名攙扶樂工的相，各依特定的位置出場。樂正先自西邊出來，接過相遞來的瑟。

接著，樂工唱〈鹿鳴〉、〈四牡〉、〈皇皇者華〉。唱完後，主人為樂工敬酒、獻肉脯。樂工也遵循著複雜的飲酒儀式，和主人相互答拜。

這時，演奏笙的人來到堂下，擊磬的人立於南方面朝北，主人再次敬酒。於是唱〈魚麗〉、吹奏〈由庚〉；唱〈南有嘉魚〉，吹奏〈崇丘〉；唱〈南山有臺〉，吹奏〈由儀〉。

最後是合樂，就是所有的樂器、歌者都加入進來，合奏合唱。曲目有〈周南〉中的〈關雎〉、〈葛覃〉、〈卷耳〉，以及〈召南〉中的〈鵲巢〉《鵲巢》、〈采蘩〉、〈採蘋〉。結束時，樂工報告樂正說：「正歌完畢。」樂正再報告給賓。

於是，主客再次祝酒，等到酒足飯飽之後，主人撤去案席，穿上鞋子，互相揖讓，然後回到座位上。主人命人進上狗肉等食物，以示敬重，直到賓、介等起身告辭，樂工再次奏

樂，主人送賓出門。

但宴飲並沒有就此結束，次日，賓還要拜謝主人，會有新一輪的飲酒。其儀式不如前日嚴格，氣氛也較為輕鬆，飲酒和音樂都不再限定次數，食物也較隨便，赴宴的人還可以帶親友同來。

這一套鄉飲酒禮要進行兩天的時間，繁文縟節，極其精緻。其中所包含的精神要義，遠遠超過了人們對飲食，甚至是對和睦親密的要求，對養成貴族人格、行為方式及禮儀精神有著重要的意義。

這樣的飲食禮儀，在先秦以及在以後的貴族和官僚文化中，一直流行著，只是繁簡程度有別罷了。

家庭飲食禮

朝廷、官衙、鄉學等場合中飲酒聚食本就是禮儀行為，所以有著各式各樣的禮節規矩。

中國古代社會家國一體，一脈相承，所以各類禮儀也會影響到家庭中的飲食行為。《淮南子．泰族訓》中說：「家老異飯而食，殊器而享。子婦跣而上堂，跪而斟羹。非不費也，然而不可省者，為其害義也。」這就是說，家中的老人要單獨準備飲食和餐具，兒媳婦要脫鞋上堂，跪著為老人斟羹湯。這樣做雖然有些苛刻，但不能減省，否則就會敗壞道義。

由此看來，古人認為家中的食禮，也是道德倫常之義理的展現，故不可簡易。

在日常飲食中特別尊重老人，這在古代是一個非常重要的倫理觀念。二十四孝中的「鹿乳奉親」、「拾葚異器」、「臥冰求鯉」等，都是關於以食物供奉父母的故事。因此，利用日常飲食禮儀培養尊老意識，就是理所當然的了。

同樣，夫婦關係也是社會倫理中一個重要方面，同居一室的夫婦倫理，在飲食禮節中亦有所展現。

東漢人飽學之士梁鴻，先在朝中做一個低階官員，後辭官歸鄉隱居，娶孟光為妻。為了躲避朝廷徵召，夫婦倆遷居至吳地（今江蘇蘇州），住在大族皋伯通家的廊屋中，靠梁鴻給人舂米過活。

梁鴻每次回到家中，孟光都準備好食物，不敢抬頭仰視，而是將食案舉至雙眉，獻給梁鴻。皋伯通見此深為感動，便為梁鴻夫婦換了好房子居住。

「舉案齊眉」是古代夫婦之間的一種常見禮節，它展現了夫為妻綱的舊倫理原則。

敬老和尊夫，顯示了傳統社會尊卑有別的秩序，而這種秩序也是透過飲食禮節來傳遞給兒童的。

清人張伯行《養正類編》卷三引屠羲英《童子禮》中指出，

凡兒童進呈食物給長輩，先要拂拭几案，然後雙手捧食器，置於几案上，器具必乾潔，餚蔬必需按順序排列。視長輩所喜愛並吃得多的，移近其前，長輩讓休息，則退立於一旁。如長輩讓一起吃，則揖而就席，吃時要時刻注意長輩的動向。長輩未吃，不敢先吃；長輩將要吃完，應該比長輩先吃完，等到長輩將餐具放在几案上，也要跟著一起放下。長輩吃完後，則前去撤席。

由此可以看出，禮節在家庭飲食中也是十分重要的，並且依照輩分各有規矩。雖然朝代、地域、貧富不同，各種規矩的細節會有所變化，但尊長這個原則，是不可違背的。

宴飲待客禮

以飲食待客是傳統禮儀的重要內容。上古禮書，如《周禮》、《儀禮》、《禮記》中，都記有各類儀式和日常生活中的飲食待客之道。

這些規矩對後世有著極大的影響，甚至今天的一些酒桌禮節或習慣，都能溯源至這些遠古的禮書。

這些宴飲待客的禮節眾多，不勝列舉。如餐具和餚饌的擺放要按特定的規則，飯食要置於客人左邊，肉湯則放在右邊；醯醬、酒水要放在客人近前，而蔥末等有味的雜料可放遠一點。

有些菜餚還要注意放置的方向，如上鮮魚時，要將魚尾對著客人，便於客人從尾部剝離出魚肉；而上乾魚時，則要將魚頭對著客人，因為乾魚前端的肉更易於剝離，甚至魚肚魚背的左右朝向在不同的季節都有不同的講究。

這些禮節主要是從方便客人的角度出發，由此可以展現主人的細心。

僕從上菜時，應盡量避免大口喘氣，在回答客人問話時，要將臉側向一邊，避免呼氣影響菜餚和客人。

主人要引導客人入席，在陪伴長者飲酒時，必須起立，離開座位面向長者拜謝，而且還不能先於長者將杯中酒飲盡。

有長輩在席時，年輕者要先吃幾口飯，嘗嘗生熟軟硬，但又不能先吃完，要等長輩放下碗筷後才能放下自己的碗筷。如果是水果之類，則要讓長輩先行進食。

以上待客之禮，不但能夠展現出對客人的尊重，還兼顧飲食衛生及進食的方便，所以直到現在依然流行。

可以說，飲食中的禮節，對中國文化形態，以及人們的日常行為習慣的形成，都有著很深遠的意義。

第四章　民間食態

第一節　節日食俗

新春年年糕

所謂民俗，即民間風俗，是民間社會生活中所傳承的文化現象的總稱。

飲食民俗，是指人們在對食物原料進行挑選、加工、烹製和食用的過程中，即民族食事活動中，日久形成並傳承不息的風俗習慣，也稱飲食風俗、食俗。

《詩經．小雅．天保》曰：「民之質矣，日用飲食。」年節是有著固定或不完全固定的活動時間，有特定主題和活動方式，約定俗成並世代傳承的社會活動日。

中國的年節眾多，並在歷史上形成了獨特的年節飲食文化，這也成為中國傳統飲食文化的重要組成部分。

春節，是農曆的正月初一，又稱元日、元旦，是中國最重要的傳統節日。據梁朝宗懍所撰《荊楚歲時記》記載，正月一日：「長幼悉正衣冠，以次拜賀，進椒柏酒，飲桃湯。進屠蘇酒，膠牙餳，下五辛盤。進敷於散，服卻鬼丸。各進一雞子。凡飲酒，次第從小起。」

這就是說，在春節這一天，全家老少要穿戴端正，依次拜祭祖神，祝賀新春，敬奉椒柏酒，喝桃湯水。飲屠蘇酒，吃膠牙餳，吃五辛菜，服「敷於散」和「卻鬼丸」，每人吃一個雞蛋。喝酒的次序是從年紀最小的開始。

可以看出，春節食用的這些食物和飲品都有避邪和求取吉利之意。如以椒柏浸酒，乃取食椒可以除病、耐老，和柏樹為「多壽之木」（《本草綱目》）之義。

自古人們認為桃木可以驅鬼辟邪，所以飲桃湯即承此意。屠蘇酒據傳為華佗創製，具有益氣溫陽、避除疫癘之邪的功效。

膠牙餳就是用麥芽或穀芽混同其他米類原料熬成的軟糖，常作為祭祀祖先的禮品，取其牢固不動之意。

五辛盤，據周處《風土記》所注：「五辛，所以發五藏之氣。即大蒜、小蒜、韭菜、蕓薹、胡荽是也。」其「辛」與「新」諧音，用以迎春，博取口彩。「敷於散」和「卻鬼丸」相傳皆是可以驅鬼的東西。

關於吃雞蛋，周處《風土記》曰：「正旦，當生吞雞子一枚，謂之練形。」

春節喝酒要先從年紀小的開始，這是因為年輕人過年意味著長大了一歲，先喝酒有祝賀他的意思；老年人過年則意味著又失去了一歲，所以要後給他斟酒。

現在過春節，大多講究吃餃子和年糕，這也是有淵源的。餃子又稱「餛飩」，據《明宮史．史集》記載：「五更起……飲椒柏酒，吃水點心，即餛飩也。或暗包銀錢一二於內，得之者以卜一歲之吉。」

餃子一般要在年三十晚上十二點以前包好，待到半夜子時吃，此時正是農曆正月初一伊始，吃餃子取「更歲交子」之意。「子」為「子時」，「交」與「餃」諧音，取喜慶團圓、吉祥如意之意。

過年吃餃子有很多傳說，一說是為了紀念盤古開天闢地，結束混沌狀態；二是取其與「渾囤」的諧音，意為「糧食滿囤」。在餃子中包裹錢幣，更是為了在新年伊始卜求吉祥和幸運。

春節吃食年糕，是取其「年年高升」之意。明朝崇禎年間刊刻的《帝京景物略》記載了當時的北京人每於「正月元旦，啖黍糕，日年年糕」之事。

據傳，年糕起初是為年夜祭神、朝供祖先所用，後來才成為春節食品。年糕的名品有蘇州的桂花糖年糕，寧波的水磨年糕，北京的紅棗年糕、百果年糕等。

年糕作為一種節日美食，寄寓了人們對新年美好的希望。對此，清末有詩云：「人心多好高，諧聲制食品，義取年勝年，籍以祈歲諗。」

上元滾元宵

正月十五元宵節，又稱上元節，也是中國一個重要的傳統節日。

正月是農曆的元月，古人稱夜為「宵」，而十五日又是一年中第一個月圓之夜，所以稱正月十五為元宵節。而將正月十五正式命名為元宵節的人是漢文帝。

按照民間的傳統，正月十五這夜皓月當空，人們要點燈萬盞以示慶賀。

對於元宵節點燈的習俗，據傳是起源於道教的「三元說」，即正月十五日為上元節，七月十五日為中元節，十月十五日為下元節。主管上、中、下三元的分別為天、地、人三官，天官喜樂，故上元節要燃燈。

元宵節的民俗活動很多，除了點燈籠，還有吃元宵、鬧花燈、猜燈謎、放煙火、舞龍舞獅等，是夜家家團聚，共慶佳節。元宵節最重要的食俗是吃元宵。

元宵，又名湯圓、湯糰，以形寓意，其狀渾圓，潔白剔透，寄寓團圓、吉祥之意。相傳吃元宵始於春秋末期，宋時始稱之為「圓子」、「糰子」，取團圓之意。

據北宋呂原明的《歲時雜記》載：「京人以綠豆粉為科斗羹，煮糯為丸，糖為臛，謂之圓子鹽豉。」南宋詩人周必大的《平園續稿》一書中，亦有：「元宵煮食浮圓子，前輩似未曾賦此。」

明代在正月十五吃元宵已較為常見了。劉若愚的《明宮史》有「初九日後，吃元宵」之說，並詳細記述「其製法用糯米細麵，內用核桃仁、白糖、玫瑰為餡，灑水滾成，如核桃大，即江南所稱湯圓也。」

清同治年間湖南《巴陵縣志》云：「十三夜，四衢張燈……至十八日乃止，謂之『元宵節』。十四日，夜以秫粉做團……謂之『燈圓』。享祖先畢，少長食之，取團圓意。」在清代宮廷中，還要於上元節的前後三日都吃元宵，由御膳房提前準備。元宵有甜、鹹兩種口味，甜味以白糖、核桃、芝麻、山楂、豆沙、棗泥、水晶等為餡料，鹹味以肉、菜為餡料，或葷或素。

所謂元宵與湯圓，是北方和南方的不同稱法，但二者在製作方法上還是有區別的。

北方的元宵採用滾製的方法，把芝麻、花生、豆沙、山楂等各種餡料和上糖做成餡心，切成小塊晾乾，再蘸上水，用簸籮盛上糯米粉，把蘸了水的餡心放入反覆滾動，待糯米粉不斷包裹在餡心上，再灑上少許水，繼續滾動，直到元宵成形。因為乾粉太多的緣故，元宵口感偏於粗硬，湯水渾濁。

南方的湯圓則採用包製的方法，將糯米粉加熱水揉勻成粉團，分成小塊，再在每一個小粉團中心捏一個深窩，放入配製好的餡料，再把粉團收口搓圓，湯圓即成。湯圓軟糯潤滑，玲瓏剔透，廣為今人所愛。

端午裹角黍

農曆的五月初五是中國民間的端午節。端午本名「端五」，《太平御覽》卷三十一引《風土記》說：「仲夏端五，端，初也。」古「五」與「午」相通，「五」又為陽數，故端午又名「端五」。

按照《易經》等典籍觀點，陰惡從五而生，而五月五日恰是陽氣執行到頂端的端陽之時，居三毒之端，多毒惡病疫，因此大家要聚在一起消災避毒。端午這天的民俗有吃粽子、賽龍舟、掛艾菖、飲雄黃酒等。

粽子是端午節的代表性食物。關於粽子的記載，最早見於漢代許慎的《說文解字》。

「粽」字本作「糉」，《說文新附．米部》謂：「糉，蘆葉裹米也。從米，㚇聲。」《集韻．送韻》中解釋說：「糉，角黍也。或作粽。」粽子又名「角黍」，最早的記載見於晉人周處的《風土記》：「仲夏端五，烹鶩角黍，端，始也。謂五月初五日也。又以菰葉裹黏米煮熟，謂之角黍。」

關於端午食粽這一食俗的來歷，南朝梁吳均在《續齊諧記》中寫道：

「屈原五月五日投汨羅而死，楚人哀之。每至此日，竹筒貯米，投水祭之。

漢建武中，長沙歐回，白日忽見一人，自稱三閭大夫，謂曰：『君當見祭甚善，但常所遺，苦為蛟龍所竊，今若有惠，可以楝樹葉塞其上，以五彩絲縛之。此二物，蛟龍所憚也。』

回依其言。世人作粽，並帶五色絲及楝葉，皆汨羅之遺風也。」

傳說屈原五月五日投汨羅江而死，楚人於每年此日用竹筒裝米，投於水中以拜祭他。後來，屈原告訴大家，所祭食物皆被蛟龍奪走，而龍畏懼楝樹葉和五色絲。於是大家以楝樹葉包粽，以五色絲纏之，以免除蛟龍之患。

粽子的製作方法，漢代的記載是「蘆葉裹米」（許慎《說文解字》），西晉的記載是「菰葉裹黏米，雜以粟」（周處《風土記》）。明代李時珍在《本草綱目》中記其為：

「糉，俗作粽。古人以菰蘆葉裹黍米煮成，尖角，如粽櫚葉心之形，故曰粽，曰角黍。

近世多用糯米矣，今俗五月五日以為節物相饋送。或言為祭屈原，作此投江，以飼蛟龍也。」

這說明粽子是用菰葉裹黍米，煮成尖角或棕櫚葉狀的食物。明清以後，粽子多用糯米包裹，於是就不叫角黍，而稱粽子了。

在古代的食書中，記載粽子的種類和做法很多。其中的名品有形狀如菱角，用竹葉裹白糯米煮成的竹葉粽；在糯米中加棗、慄、綠豆，用艾葉浸米包裹煮成的艾香粽；用薄荷水浸米蒸軟，拌入洋糖，用箬包裹煮成的薄荷香粽等。

中秋團圓餅

中秋節為農曆八月十五日，八月是秋季的第二個月，故中秋又名仲秋，中秋節也稱仲秋節。

中秋一詞始見於《周禮》:「中春晝，鼓擊士鼓吹豳雅以迎暑；中秋夜迎寒亦如雲。」

中秋節起源於中國古代秋祀、拜月之俗。《禮記》中記有：「天子春朝日，秋夕月。朝日以朝，夕月以夕。」這裡的「夕月」就是拜月的意思。祭月原是帝王的禮制，後來達官文士也紛紛效仿，此風逐漸傳到民間，成為一個傳統的活動。

拜月之禮在兩漢時已初具雛形。到了唐代，中秋賞月之俗開始盛行，《唐書·太宗記》記有「八月十五中秋節」。又據唐代歐陽詹〈長安玩月詩序〉所述：「秋之於時，後夏先冬；八月於秋，季始孟終；十五於夜，又月之中。稽於天道，則寒暑均，取於月數，則蟾兔圓。」

這就是說，農曆八月十五，是一年秋季八月的中間，故謂之中秋。因為中秋節的主要活動都是圍繞「月」而進行的，所以中秋節又稱「月節」、「月夕」。中秋之夜圓月高懸，明亮皎潔，象徵了團圓、圓滿之意。

中秋之夜，民間的食俗是全家人團聚在一起分食月餅。月餅最初起源於唐朝軍隊祝捷的食品，那時稱「胡餅」。

宋代周密的《武林舊事》中，首次提到「月餅」的說法。吳自牧的《夢粱錄》中，已有「月餅」一詞。對中秋賞月、吃月餅的描述，明代田汝成所撰的《西湖遊覽志》中有：「八月十五謂中秋，民間以月餅相送，取團圓之意。」

從明代有關月餅的記述可以看出，這時的月餅已為圓形，而且僅在中秋節吃。也就是說，從明代起，月餅開始寓意團圓，並成了民間中秋祭月、相互餽贈的主要供品。

中秋節祭月後，全家人圍坐一處，闔家分吃月餅月果（祭月供品），象徵人月團圓。《帝京景物略》中便有記載：「八月十五祭月，其餅必圓，分瓜必牙錯，瓣刻如蓮花。……其有婦歸寧者，是日必返夫家，曰團圓節。」

自明清時期，月餅便成了中國各地的中秋美食。中國月餅的品種繁多，依產地劃分，有京式月餅、廣式月餅、蘇式月餅、臺式月餅、滇式月餅、港式月餅、潮式月餅、徽式月餅、衢式月餅、秦式月餅等。

就口味而言，有甜味、鹹味、鹹甜味、麻辣味等；因餡心不同，有桂花月餅、梅乾月餅、伍仁月餅、豆沙月餅、冰糖月餅、銀杏月餅、肉鬆月餅、芝麻月餅、火腿月餅、蛋黃月餅等。按餅皮分，則有漿皮、混糖皮、酥皮、奶油皮等；從造型看，又有光面與花邊之分等。

第二節　節令食俗

咬春五辛盤

立春是二十四節氣中的第一個節氣，又稱「打春」。

「立」是「開始」的意思，中國古代的立春、立夏、立秋、立冬，分別表示四季的開始，也蘊涵著「春種、夏長、秋收、冬藏」的意義。

每年立春這一天，民間都要「咬春」，也就是吃一些春天的新鮮蔬菜，既為防病，又有迎接新春的意思。

據李時珍《本草綱目》記載：「元旦立春以蔥、蒜、韭、蓼、蒿、芥等辛嫩之菜，雜合食之，取迎新之義，謂之『五辛盤』，杜甫詩所謂『春日春盤細生菜』是矣。」「五辛盤」早在春秋時期便已出現，是把五種應時而帶辛味的蔬菜裝於一盤，既取迎新之意，又可發散五臟之氣。

唐代《四時寶鏡》有記載：「立春日，食蘆菔、春餅、生菜，號『春盤』。」杜甫的〈立春〉詩曰：「春日春盤細生菜，忽憶兩京梅發時。」可見，唐代已經開始試春盤、吃春餅了。唐宋之後，立春之日民間便有吃春餅與生菜的食俗了。

餅與生菜以盤裝之，稱為春盤。古時的春盤極為講究、精緻。南宋周密的《武林舊事》記有盛貌：「後苑辦造春盤供進，及分賜貴邸宰臣巨璫，翠柳紅絲，金雞玉燕，備極精巧，每盤值萬錢。」

所謂「咬春」，是取迎接春天之意。清代潘榮陛的《帝京歲時紀勝·正月·春盤》有云：「新春日獻辛盤。雖士庶之家，亦必割雞豚，炊麵餅，而雜以生菜、青韭菜、羊角蔥，沖和合菜皮，兼生食水紅蘿蔔，名日咬春。」

咬春要吃春餅和春捲，此外還特別要嚼吃水紅蘿蔔。有些地方稱水紅蘿蔔為「菜頭」，取「財頭」的諧音，象徵財源旺盛，並寓意「開春好彩頭」。清代的《燕京歲時記》也云：「是日，富家多食春餅，婦女等多買蘿蔔而食之，日『咬春』。謂可以卻春困也。」

立春吃春餅的食俗由來已久，其起於晉而興於唐。晉代潘岳的〈關中記〉有記述：「（唐人）於立春日做春餅，以春蒿、黃韭、蓼芽包之。」

春餅其實是一種燙麵薄餅，其做法是用兩小塊水麵，中間抹油擀薄，烙熟後揭成兩張，再捲以豆芽、韭黃、粉絲等炒成的合菜食用。卷食春餅講究捲成筒狀，並要從頭吃到尾，取意「有頭有尾」。

民間吃春餅，常以食餅製菜並相互餽贈為樂。清代的《北平風俗類徵·歲時》云：「立春，富家食春餅，備醬爊及爐燒鹽醃各肉，並各色炒菜，如菠菜、韭菜、豆芽菜、乾粉、雞蛋等，

且以麵粉烙薄餅卷而食之。」

除了卷炒菜，這裡記錄了春捲還可卷食熟菜。昔日的熟菜講究到盒子鋪去叫「蘇盤」（又稱盒子菜），盒子鋪就是醬肉舖，店家派人送菜到家。

盒子裡分格放有燻大肚、松仁小肚、爐肉、清醬肉、燻肘子、醬肘子、醬口條、燻雞、醬鴨等。吃時需改刀切成細絲，另配幾種家常炒菜食用，通常為肉絲炒韭芽、肉絲炒菠菜、醋烹綠豆芽、素炒粉絲、攤雞蛋等。闔家圍桌食之，其樂無窮。

除了春餅之外，炸春捲也是古代立春時裝在春盤中的傳統節令食品。春捲的名稱最早見於《夢粱錄》，書中曾提及「薄皮春捲」和「子母春捲」兩種春捲。

春捲盛行於宋元，宋代稱之為「春」或「探春」，元時稱之為「卷煎餅」。韓弈的《易牙遺意》中記載：「餅與薄餅同，用羊肉二斤，羊脂一斤，或豬肉亦可。大概如饅頭餡，須多以蔥白或筍乾之類，裝在餅內，卷作一條，兩頭以麵糊黏住，浮油煎，令紅焦色。」

明清時期，春捲不僅在民間流行，更成為宮廷糕點之一。現在的春捲多以豬肉、豆芽、韭菜、韭黃等為餡，色澤金黃，外酥裡香，是很好的春令食品。

清明青精飯

清明是二十四個節氣中的第五個節氣，具體日期是每年西曆的四月四日至六日。

清明的來歷，《曆書》記有：「春分後十五日，斗指丁，為清明，時萬物皆潔齊而清明，蓋時當氣清景明，萬物皆顯，因此得名。」當時，清明常用以安排農事，在民間有「清明前後，點瓜種豆」的說法。

關於清明節的起源，據傳始於古代帝王將相「墓祭」之禮，後來民間亦相仿效，於此日祭祖掃墓，歷代沿襲而成為中華民族的一種固定風俗。清明節掃墓祭祖，是後人慎終追遠、尊行孝道的具體表現。

中國古代有寒食節一說。寒食節是在冬至後的一百零五天，約在清明前後。相傳，由於晉文公悼念介子推被火焚於綿山，舊時這一天禁止生火，只吃冷食，故又稱「冷節」、「禁煙節」。

寒食節的習俗除了禁火，還有掃墓和郊遊。開元二十年唐玄宗詔令天下「寒食上墓」，將祭拜掃墓的日子定為寒食節。因寒食與清明這兩個不同的節日只差一天，到了唐朝，便將它們並為一日了。

舊時清明節以吃粥為主，如大麥粥、杏仁麥粥等。《荊楚歲時記》曰：「去冬節一百五日，即有疾風甚雨，謂之寒食。禁火三日，造餳大麥粥。」晉代陸翽的《鄴中記》也云：「寒食三日作醴酪。」醴酪，即一種以麥芽糖調製的杏仁麥粥。一直到隋唐，粥都是寒食節的主要食品。

除了吃粥，清明節這天很多地方都有吃雞蛋的風俗。大約因為寒食禁火的緣故，要提前把雞蛋煮好，到了清明再來食用。此外，清明當日，人們紛紛郊遊踏青，熟雞蛋也是方便攜帶的食品。民間更有吃清明的煮雞蛋，可以一年不頭痛的傳說。

由於寒食節源於紀念子推，在陝北一帶，民間還有蒸「子推饃」的習俗。「子推饃」又稱老饃饃，外觀類似古代武將的頭盔，饃裡包有雞蛋或紅棗，上面有頂子，頂子四周貼麵花。麵花是麵塑的小饃，有燕、蟲、蛇、兔和文房四寶等造型。

子推饃有不同形狀，以供不同的食客。圓形的子推饃是給男人食用的，條形的梭子饃給已婚婦女食用，未婚姑娘吃「抓髻饃」，兒童則吃燕、蛇、兔、虎等麵花。大人用杜梨樹枝或細麻線將各種小麵花串起來，掛在窯洞頂上或窗邊風乾，留給孩子慢慢食用。

陳元靚的《歲時廣記》卷十五引《零陵總記》，記載了一種寒食節食品，叫「青精飯」：「楊桐葉、細冬青，臨水生者尤茂。居人遇寒食採其葉染飯，色青而有光，食之資陽氣。謂之楊桐飯，道家謂之青精飯，石飢飯。」這種青糰子是在糯米中加入雀麥草汁舂合而成，餡料多為棗泥或豆沙。將其放入蒸籠之前，要以新蘆葉墊底，這樣蒸熟後的青團帶有蘆葉的清香，色澤更是青翠可人，也是很受歡迎的清明食品。

清明的食事風情，在很多文藝作品中都有所表現。如唐代杜牧那首廣為吟誦的七絕：「清明時節雨紛紛，路上行人欲斷魂。借問酒家何處有？牧童遙指杏花村。」

冬至餃子碗

冬至是二十四節氣中的第二十二個節氣，表示寒冬的到來，一般在每年西曆的十二月二十一日或二十二日。按照天文學的說法，這是北半球一年中白晝最短、黑夜最長的一天。

冬至在中國古代被視為一個重要的節日，民間有「冬至大如年」的說法。人們認為，冬至之後陽氣回升，是節氣循環的開始，因此冬至是一個應該慶賀的吉日。《夢粱錄》曰：「冬至歲節，士庶所重，如饋送節儀，及舉杯相慶，祭享宗煙，加於常節。」

對北方人而言，冬至以吃餛飩為最盛行的食譜，民間有「冬至餛飩夏至麵」的說法。宋代《乾淳歲時記》記載：「三日之內，店肆皆罷市，垂簾飲博，謂之做節。享先則以餛飩，有『冬餛飩年餺飥』之諺。貴家求奇，一器凡十餘色，謂之百味餛飩。」

關於這一食俗的緣由，《燕京歲時記》釋為：「夫餛飩之形有如雞卵，頗似天地混沌之象，故於冬至日食之。」實際上，因為「餛飩」與「混沌」諧音，故民間就將吃餛飩引申為打破混沌、開闢天地的意思。

吃餃子也是冬至這天必不可少的食俗，諺云：「十月一，冬至到。家家戶戶吃水餃。」冬至的餃子，在河南又被稱為「捏凍耳朵」。

關於餃子的來歷，還有一個民間故事。

傳說南陽醫聖張仲景曾任長沙太守，他辭官還鄉時，正是寒風刺骨大雪紛飛的冬天，南陽白河兩岸的百姓飢寒交迫，有不少人的耳朵被凍爛了。

張仲景看到後，就讓弟子在南陽關東搭起醫棚，將羊肉、辣椒和一些驅寒藥材放在鍋裡煮熟，然後撈出來剁碎，用麵皮包成耳朵的樣子，再下入鍋裡煮熟，做成一種「袪寒嬌耳湯」，施捨給百姓吃，百姓們服食後凍耳朵便都痊癒了。

後來每逢冬至，人們便模仿做「嬌耳」吃，以不忘「醫聖」張仲景「袪寒嬌耳湯」之恩，慢慢就形成了吃「捏凍耳朵」的習俗。

至今南陽仍有「冬至不端餃子碗，凍掉耳朵沒人管」的民謠。吃餃子的習俗從古至今盛行不衰，餃子更因其鮮香的滋味和美好的寓意，一直是廣為今人喜愛的食物。

冬至的民間食俗，還有吃湯圓、吃紅豆、吃狗肉等。冬至的湯圓曾被稱為「冬至團」（顧祿《清嘉錄》），在江南有冬至日以湯圓祭祖、祭灶的習俗，這時的湯圓分為早上拜神的無餡小粉圓、晚上祭祖的有餡大粉團兩種。

此外，冬至吃紅豆的習俗也來自江南。相傳有一個殘害百姓、作惡多端的疫鬼害怕赤豆，於是冬至這夜各家團聚，同吃赤豆糯米飯，以驅避疫鬼，防災祛病。

冬至吃狗肉之說，據傳源自漢高祖劉邦。他在冬至這日吃了樊噲煮的狗肉後讚不絕口，從此在民間便形成了冬至吃狗肉的食俗。

豐收臘八粥

農曆十二月，民間俗稱臘月。農曆的十二月初八，俗稱臘八，這一天是中國相沿成俗的臘八節。

「臘月」一詞的起源很早，《禮記・郊特牲》云：「天子大臘八，伊耆氏始為臘。臘也者，索也，歲十二月，合聚萬物而索饗之也。」臘即索，索者，絞合也；饗者，敬獻也。可見，「臘月」之稱最早由臘祭而得。臘八之祭是祭八穀星，而八穀星是主歲收豐儉之星。

《宋史・天文志》曰：「八穀八星，在華蓋西，五車北。武密曰：主候歲八谷豐儉。一稻，二黍，三大麥，四小麥，五大豆，六小豆，七粟，八麻。」所以，天子大臘八的「八」字，是有特定含義的，即祭祀八穀星神。

八穀星神是指農業的八個方面，而不是用八種蔬果來祭祀。人們將多種蔬果、穀物攪和在一起，煮熟成粥，敬獻神靈，然後食用。因為臘祭要禱祝，臘八祭祀加之禱祝就是臘八祝，諧音也就是臘八粥了。

另外，到了年終，祭獻神靈用的蔬果穀物等已全部是乾物。《周禮．天官．臘人》有「臘人掌乾物」之說，鄭玄《注》：「臘，小物全乾。」即乾物為臘，所以，用變成乾物的蔬果煮成的臘八祭祀之粥，就被稱為臘八粥了。

據說，臘八粥的由來與佛教有關。傳說佛教創始人釋迦牟尼飢餓時吃了牧女煮的果粥，於十二月初八在菩提樹下悟道成佛，因此佛寺要在臘八日誦經，煮粥敬佛，這便是臘八粥。

早在宋代，每逢十二月初八，東京開封各大寺院都要送七寶五味粥，即「臘八粥」。孟元老的《東京夢華錄》中記述道：「諸大寺作浴佛會，並送七寶五味粥與門徒，謂之『臘八粥』。都人是日各家亦以果子雜料煮粥而食也。」所謂「七寶」，是指胡桃、松子、乳蕈（蘑菇）、柿、慄、粟米和豆子。周密的《武林舊事》亦云：「寺院及人家皆有臘八粥，用胡桃、松子、乳蕈、柿、慄之類為之。」吳自牧的《夢粱錄》中也有「臘八大剎等寺俱設五味

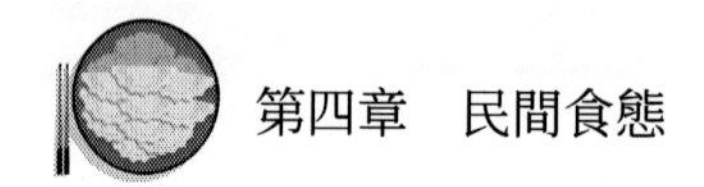

粥，名日臘八粥」的記述。

臘八粥不僅為僧侶享用，在民間也很盛行。清人富察敦崇在《燕京歲時記・臘八粥》中記日：「臘八粥者，用黃米、白米、江米、小米、菱角米、栗子、紅豆、去皮棗泥等，合水煮熟，外用染紅桃仁、杏仁、瓜子、花生、榛穰、松子及白糖、紅糖、瑣瑣葡萄，以作點染。」

據說，當時雍和宮每年會在臘月初七雞啼時生火，將各類豆米入鍋煮上二十四個時辰，直到臘八的拂曉出鍋。煮好的第一鍋粥供於佛前，第二鍋粥進獻皇帝，第三鍋粥賞賜大臣，第四鍋粥敬奉施主，第五鍋粥賑濟貧民，第六鍋粥方是寺內僧眾自食。

除了臘八粥，做臘八蒜也是臘八節重要的食俗之一。臘八蒜在臘八製作，但並不在臘八食用。對此，近人沈太侔的《春明采風志》中有記述：「臘八蒜亦名臘八醋，臘日多以小壇甑貯醋，剝蒜浸其中，封固。正月初間取食之，蒜皆綠，味稍酸，頗佳，醋則味辣矣。」

第三節　禮儀食俗

「早生貴子」

誕生禮又稱人生開端禮或童禮，是指從求子、保胎，到臨產、三朝、滿月、百祿，直至週歲的整個階段內的一系列儀禮。

中國古代生命觀重生輕死，新生兒的降臨代表著家族血脈的延續，因此人們都把誕生禮視為人生的第一大禮，以各種不同的儀禮來慶祝，由此形成了各色的飲食習俗。

求子的習俗在中國由來已久。我們的祖先最早是向自然神靈求子，後來又向神佛求子，祭拜主管生育的觀音菩薩、碧霞元君、百花神、尼山神等。一旦得孕，便供上三牲福禮，並給神祇披紅掛匾。

到了後來，民間出現了送食求子的習俗，如給孕婦吃喜蛋、喜瓜、萵苣、子母芋頭、石榴、棗、花生、栗子、蓮子等。

在民間，家中有婦人懷孕是一件大喜事。孕婦的飲食尤其受到家人照顧，既是為求得最終生產的順利平安，也是為了胎兒的健康成長。

在食養方面，有的地方迷信孕婦吃兔肉生子會豁脣，還認為孕婦吃生薑生子會長出六個指頭，因此孕婦忌食兔肉和生薑。民間也多有根據孕婦口味的變化，判斷胎兒性別的辦法，

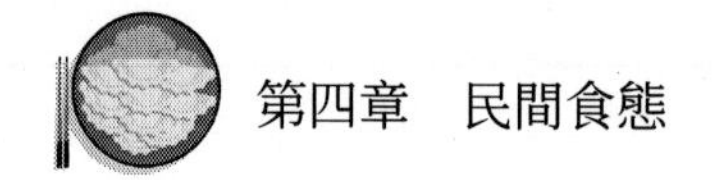

如「酸兒辣女」之說在民間就十分流行。

在民間為求得吉利，娘家要給臨產的女兒做一席飯食，稱為催生禮。如《夢粱錄》記云：

「杭城人家育子，如孕婦入月，期將屆，外舅姑家以銀盆或彩盆，盛粟稈一束、上以錦或紙蓋之，上簇花朵、通草、貼套、五男二女意思，及眠羊臥鹿，並以彩畫鴨蛋一百二十枚、膳食、羊、生棗、粟果及孩兒繡彩衣，送至婿家，名『催生禮』。」

其中菜餚之名也多吉祥之意，如「二龍戲珠」、「三陽開泰」、「四時平安」、「五子登科」等，這些飯食必須一次吃完，意為「早生」、「順生」。

在少數民族和一些地區也有類似的儀式，侗族就是由娘家給孕婦送稻米飯、雞蛋與炒肉，七天一次，直至分娩為止；在浙江是給孕婦送喜蛋、桂圓、大棗和紅漆筷，寓含「早生貴子」之意。

伴隨著嬰孩的出生，還有一系列的生育禮儀。很多少數民族在嬰孩出生當天都有添丁報喜的儀禮，如土家族的「踩生酒」，就是要用酒菜招待第一個進門的外人，並有「女踩男、龍出潭」，「男踩女、鳳飛起」之說。又如佘族的「報生宴」，是由女婿帶一隻大公雞、一壺酒和一籃雞蛋去岳母家報喜。如生男，則在壺嘴插朵紅花；如生女，則在壺身貼一「喜」字。女婿來到岳母家之後，岳母家要立即備宴，招待女婿和鄉鄰。

仫佬族的「報丁祭」是用豬頭肉、香、紙祭奠掌管生育的「婆王」，招待全村男女老少，這和漢族的「賀當朝」很相似。所謂「賀當朝」，就是由親友帶著母雞、雞蛋、蹄髈、米酒、糯米、紅糖前來祝賀，產婦家則開「流水席」分批接待。

民間常說的「坐月子」期間，產婦一方面要「補身」，另一方面也為「開奶」。這一時期產婦用餐有「飯補」、「湯補」、「飯奶」、「湯奶」之說，食物多為小米稀飯、肉湯麵、煮鯽魚、燉蹄髈、煨母雞、荷包蛋、甜米酒之類，一日四至五餐，持續月餘。

作為產婦的娘家，要送上喜蛋、十全果、掛麵、香餅，並用香湯給嬰兒「洗三」，唸誦上口的喜歌。

嬰孩降生一個月時稱為「滿月」，這一天一般人家都要擺上滿月酒宴請賓客。孩子的父親要攜糖餅請長者為孩子取名，此謂「命名禮」；還要用供品酬謝剃頭匠，這叫「剃頭禮」。親友要贈送孩子「長命鎖」。還有一個祝福嬰孩長壽的儀禮叫做「百祿」，賀禮必須以百計數，雞蛋、燒餅、禮饃、掛麵均可，以展現「百祿」、「百福」之意。

週歲席又名「試兒」、「抓周」，是在週歲之時預測小兒的性情、志趣、前途等的民間紀慶儀式。北齊顏之推的《顏氏家訓·風操》記曰：「江南風俗，兒生一期，為製新衣，盥浴裝飾。男則用弓、矢、紙、筆，女則用刀、尺、針、縷，並加飲食之物

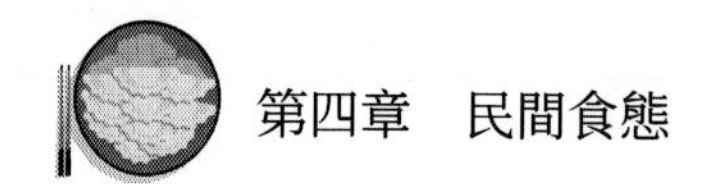

及珍寶服玩，置之兒前，觀其發意所取，以驗貪廉愚智，名之為『試兒』。」

屆時，主人家設宴招待，親朋都要帶著賀禮前來觀看。週歲宴席講求吉祥喜慶，須配以長壽麵，上菜重十，菜名也多取「長命百歲」、「富貴康寧」之意。

合歡喜宴

民間常說的「紅喜事」，除了誕生禮外，還有婚嫁禮、成年禮和壽慶禮等，其中，婚嫁禮是十分重要的一項大禮。《禮記·昏義》云：「昏禮者，將合二姓之好，上以事宗廟，而下以繼後世也，故君子重之。是以昏禮納采、問名、納吉、納徵、請期，皆主人筵几於廟，而拜迎於門外。入，揖讓而升，聽命於廟，所以敬慎重正昏禮也。」

在古人看來，婚姻的意義在於「事宗廟」與「繼後世」，即以祖先的祭祀和宗族的延續為目的的結合，所以婚姻是家族的大事。在筵宴的儀禮上，主人更要鄭重對待。

古時最初完整的婚嫁習俗包括納采、問名、納吉、納徵、請期和親迎六禮，到了後來逐漸有所演變。

其中，納吉是訂婚儀式中最重要的一項，又稱過「大禮」。由男方擇定良辰吉日，攜禮金和多種禮品送到女方家中。

除了禮金、利是、龍鳳燭和對聯等祥物，這一儀禮中的食物禮品也講求吉慶口彩，大致包括：禮餅一擔；四式、六式或八式海味；三牲，包括雞兩對、鵝兩對、豬脾兩隻；魚，要大魚或鯪魚，取其有腥（聲）氣之音；椰子兩對，意為有爺有子；洋酒或米酒共四支；四京果，即荔枝乾、龍眼乾、連殼花生、核桃乾；生果，取意生生猛猛。

食物禮品還包括油麻茶禮（茶葉、芝麻），用種子來種植茶葉，意指種植不移之子，暗喻締結婚約後絕無反悔；帖盒，內有蓮子、百合、青縷、扁柏、檳榔、芝麻、紅豆、綠豆、紅棗、核桃乾、龍眼乾等。

女方收到大禮後，會將其中部分回贈男方家。通常是把以上物品中的一半或若干，加上蓮藕、芋頭、石榴、四季橘各一對，再加上利是和贈與女婿的衣裝等物回贈，稱為「回禮」。

結婚當日，新郎來到新娘家娶親，新娘家設宴席款待新郎、親友和來賓，此稱為「送親宴」。

新娘到達新郎家，拜過天地入洞房後，要行「合巹」之禮，即共飲交杯酒（合歡酒），表示已結永好，同甘共苦。清人張夢元的《原起匯抄》對此解釋為：「用巹有二義：匏苦不可食，用之以飲，喻夫婦當同辛苦也；匏，八音之一，笙竽用之，喻音韻調和，即如琴瑟之好合也。」

洞房內還有熱鬧的撒帳習俗，這在漢代便早已有之。《事物原始》云：「李夫人初至，帝迎入帳中共坐，歡飲之後，預戒宮人遙撒五色同心花果，帝與夫人以衣裾盛之，雲得果多，得子多也。」

在民間，將花生、栗子、大棗、桂圓、蓮子等「子孫果」撒在婚床之上，寓意「早（大棗）立（栗子）子」、「早（大棗）生（花生）貴（桂圓）子」、「連（蓮子）生（花生）貴（桂圓）子」等，這些乾果由兒童們爭相搶食，越是熱鬧，就越是吉慶。

婚後第三日，新郎要帶著禮品，隨新娘返回岳母家中，拜謁新娘的父母及親屬。此習俗起於上古，泛稱「歸寧」，民間又稱「回門」，意為女兒攜女婿回家認門拜親。「回門」在古時多是結婚第三日、第六日或七、八、九日，也有滿月回門省親之說。

「回門」的禮品包括：金豬兩隻、雞一對、酒一壺、西餅兩盒、生果兩籃、麵兩盒、豬肚、豬肉兩斤。回門時，新娘家須留女兒女婿吃飯並回禮，回禮的禮品有西餅、雞仔、豬頭、豬尾、竹蔗、生菜、芹菜等。「回門」當日飯畢，新人再回到新郎家中。自親迎開始的成婿之禮，至此完成。

壽桃壽麵

長壽之福居《尚書》中的「五福」之首，民間認為長壽是人生晚年很大的福氣，因此要加以慶賀。特別是老人的壽慶儀禮，在民間十分普遍，俗稱「做壽」。

兒女們在父母做壽，壽慶一般重視逢十的「整壽」，從五十歲開始，五十歲為「大慶」，六十歲以上為「上壽」，二老同壽為「雙壽」。特別是六十歲，恰好天干地支循環一次，又稱為「甲子壽辰」，儀禮尤其隆重。

在壽慶宴席上，要有壽桃、壽麵、壽糕、壽酒等食物。

壽桃可以直接採摘鮮桃，但由於季節所限，一般也可用米粉或麵粉蒸製而成，並在桃嘴處點上紅色，頗似鮮桃。有的地方還在壽桃之上飾以雲卷等吉祥圖案，並配以吉祥的祝語。壽桃一般九個疊放一盤，在壽案上並列三盤，慶壽時擺放於壽案之上。壽桃之傳統由來已久，《太平御覽》引漢代東方朔的《神異經》云：「東北有樹焉，高五十丈，其葉長八尺，廣四五尺，名曰桃。其子徑三尺二寸，小狹核，食之令人知壽。」

作為壽慶的食文化符號，壽桃在〈麻姑獻壽〉、〈壽星圖〉等多幅祝壽圖中都有所展現。

壽麵就是祝壽吃的麵條，因為麵條形狀綿長，做壽吃麵，取意延年益壽。壽麵一般長一公尺，每束須百根以上，煮成撈麵，在碗中盤成下大上小的塔形，上罩以紅綠拉花，備以雙份，祝壽時呈於壽案之上。

明代沈德符的《野獲編．列朝．賜百官食》中記曰：「太后聖誕，皇后令誕，太子千秋，俱賜壽麵。」由此可知，吃壽麵的習俗在宮廷中也很盛行。關於壽麵的由來，有一個有趣的說法。

相傳漢武帝崇信鬼神相術，一日與眾大臣聊天，說到人壽命長短，他認為《相書》中說人中若長，壽命就長，若人中一寸長，就可以活到一百歲。

東方朔聽後笑道，如果人活一百歲，人中一寸長，那彭祖活了八百歲，他的人中就長八寸，那他的臉有多長啊。眾人聽後也大笑，但又想找個變通的辦法表達長壽的願望，於是想到了臉，臉即面（麵），臉長即面（麵）長，於是人們就借用長長的麵條來祝福長壽。漸漸這種做法又演變為生日吃麵條的習俗，一直沿襲至今。

壽慶筵宴的菜品，在數位上講究扣「九」、扣「八」，如「九九壽席」、「八仙菜」等；在菜名上，也講究吉祥喜慶，如「三星聚會」、「八仙過海」、「白雲青松」、「福如東海」等。

在不同的地區，還有不同的壽慶食俗。如寧波當地有「六十六，閻羅大王請吃肉」的說法，所以無論父母，到了六十六歲生日這天，都有「過缺」的習俗。所謂「過缺」，是指人到了六十六歲都會遇到一個缺口（即關口），度過了就會平安。因此六十六的壽宴很重要，一般要由女兒操持祝壽。

宴席上最重要的一道菜是將豬腿肉切成六十六小塊，多一塊或少一塊都不可以，烹製後蓋在一碗糯米飯上，盛飯的碗必須用有缺口的碗。此外，飯上還要擺一個「龍頭烤」（即鹹蝦乾），附會龍頭枴杖；另要放上三根帶根的鮮蔥，表示生命力旺盛。最後用「賓蓬籃」裝好，送到父母家中，並向菩薩祈禱，保佑父母長壽。

居喪食粥

喪葬是人生的最後一道儀禮，與其他的儀禮不同，它的主角永遠是缺席的。在古時，民間對於壽終正寢的老人的去世，稱為「白喜事」。

居喪之家，在喪事過後，要對前來弔唁以及幫助處理喪事的親友進行招待，喪葬的食俗在各個地方也有所不同。

在山東，白喜事宴又稱「吃喪」，親屬在拜祭逝者牌位後要一起吃飯，稱「搶遺飯」。有的地區吃的是豆腐和麵條，以求興旺富裕和長命百歲；有的地方吃的是栗子和棗，取意子孫早有，人丁興旺。

在揚州，喪席一般有六道菜，即紅燒肉、紅燒雞塊、紅燒魚、炒豌豆苗、炒雞蛋、炒大粉，稱為「六大碗」。其中，肉、雞、魚代表豬頭三牲，作為祭品表示對逝者的尊敬；豌豆苗、雞蛋和大粉是希望大家安穩和睦，消除隔閡。吃喪飯時不能喝酒。

在回族的喪葬儀禮中，有的地方辦喪事三天不動煙火，禁止請客，由附近的親戚或鄰居送食，三天後方可以進行紀念活動。

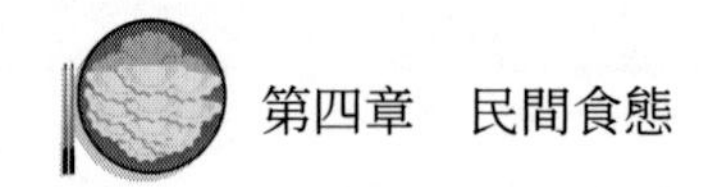

居喪期間，喪家的飲食在不同地區也有著不同的風俗。清同治《安陸縣志補》中記載了湖北安陸民間的居喪食俗：

「古者父母之喪，既殯食粥，齊衰，疏食水飲，不食菜果。既虞卒哭，疏食水飲，不食菜果。

期而小祥，食菜果。又期而大祥，食醢醬。中月而禫，禫而飲醴酒。始飲酒者，先飲醴酒；始食肉者，先食乾肉。」

這段話的意思是說，古人居父母之喪，在出殯後只吃粥；在居喪的第一年，不吃菜果，只是疏食水飲；在服喪一年後，可以吃菜果；服喪兩年後可以吃魚、肉做的醬；除服後，開始飲酒時要先飲濃度不高的甜酒，開始吃肉時要先吃乾肉。

在民間的喪葬食俗中，除了表達對逝者悼念、盡孝道的主題，有的地方還在食俗中表達為下一代的祈福，如江西楊樹一帶的「端百歲飯」和江蘇海州的「偷碗討壽」等。

「端百歲飯」是指人們在吃「送葬飯」時，端出一碗飯並夾上幾塊肉，帶回去給孩子吃，以此為孩子討得長命百歲的吉祥寓意，在蘇北地區也有類似的食俗。「偷碗討壽」是指用從喜喪人家偷出碗筷，給孩子吃飯時使用，以求孩子長壽。為此，喜喪人家也會十分體貼，常常會多買些碗筷以供人偷取。

第五章　文人食趣

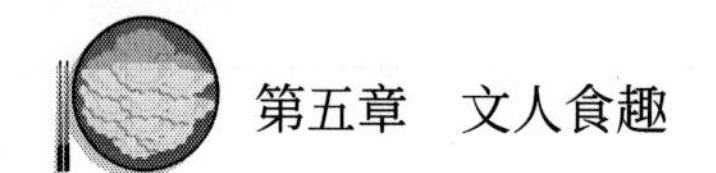

第一節　文人生活中的飲食

蓴鱸之思

孟子說「君子遠庖廚」，因為殺生害義；蘇軾說「寧可食無肉，不可居無竹」，因為賞竹比吃肉要雅緻。

一般說來，飲食的根本是為滿足口腹之欲，本不應有道德或人格層面的問題，然而由於飲食文化的豐富性，它又廣泛地被文人賦予了多重意義。

孔子的「食不厭精，膾不厭細」，是對禮儀修養的孜孜追求。世傳的「東坡肉」中，也包含著蘇軾領略的個中三昧。

比起先秦時期人們從飲食中尋求禮儀之道而言，後世文人的食趣有著別樣的滋味。

魏晉時期有很多性情文人，他們厭惡紛爭動亂的社會，也不相信儒家的說教，刻意要從政治漩渦中掙脫出來，尋求心靈的自在和安逸。

於是，飲食作為一種近乎直覺的感受和欲望，便被他們看作是自然性情的象徵。展示自己對飲食的趣味，成為他們宣洩性情的方式之一。晉人張翰的「蓴鱸之思」就是其中代表。

張翰是個才子，詩書俱佳。李白就很佩服他，贊其：「張翰黃金句，風流五百年。」然而，張翰留名於世，還是因為蓴菜和鱸魚，他曾作有一首〈思吳江〉，詩云：「秋風起兮木葉飛，吳江水兮鱸正肥。三千里兮家未歸，恨難禁兮仰天悲。」

另據《晉書‧張翰傳》記載，身為蘇州人的張翰在洛陽做官，「因見秋風起，乃思吳中菰菜、蓴羹、鱸魚膾，曰：『人生貴得適志，何能羈宦數千里以要名爵乎？』遂命駕而歸。」這個故事被傳為佳話，後來「蓴鱸之思」就成了思鄉的代名詞。

文人「蓴鱸之思」的情懷，在後世也不乏其例，唐代崔顥的七絕〈維揚送友還蘇州〉云：「長安南下幾程途，得到邗溝吊綠蕪。渚畔鱸魚舟上釣，羨君歸老向東吳。」白居易也有〈偶吟〉曰：「猶有鱸魚蓴菜興，來春或擬往江東。」

到了宋代，文人們對此愈加推崇，並以寄情美食表達思鄉之意為風尚，歐陽修就有詩云：「清詞不遜江東名，愴楚歸隱言難明。思鄉忽從秋風起，白蜆蓴菜膾鱸羹。」辛棄疾的名作〈水龍吟〉中也有佳句：「休說鱸魚堪膾，盡西風，季鷹歸未。」

對現實的失意以及對家園的渴望，是文人們「蓴鱸之思」的緣由，簡單的一味菜中，傳遞的是他們從外在世界回望故鄉、歸隱內心的情懷。

東坡遺味

宋代大文豪蘇軾也是一個流連飲食之人。他作有一篇〈老饕賦〉，前半段云：

「庖丁鼓刀，易牙烹熬。水欲新而釜欲潔，火惡陳而薪惡勞。九蒸暴而日燥。百上下而湯鏖。嘗項上之一臠，嚼霜前之兩螯。

爛櫻珠之煎蜜，滃杏酪之蒸羔。蛤半熟而含酒，蟹微生而帶糟。蓋聚物之夭美，以養吾之老饕。」

這段文字的意思是，要匯聚天下之美味，精心製作，以供奉自己這個老饕。

蘇軾另有〈菜羹賦〉一文：「汲幽泉以揉濯，搏露葉與瓊根。覆陶甌之穹崇，謝攪觸之煩勤，屏醯醬之厚味，卻椒桂之芳辛。」這是說，只需採摘帶著露水的蔬菜，用泉水洗濯，放在瓦罐裡煮，不用多攪動，也不用醯醬、椒桂，就可以獲得天下之美味。

蘇軾關於飲食的詩文遠不止這兩篇，而無論或濃或淡的描寫，都能看出這位偉大詩人對於人生的理解和設計。

蘇軾有著明確的政治理想和過人的政治才華，並且勇於實踐。而他因何要自稱老饕，對各類飲食情有獨鍾呢？這一方面與宋代社會漸趨繁華富足，人們對生活的要求有所提高相關；另一方面，文人透過對日常生活細節的關注，也表達著對政治和社會的失望，這與張翰的蓴鱸之思是一脈相承的。

蘇軾自踏上仕途開始，就不斷遭遇各種挫折，先是久不授官，後又有黃州之難，晚年流寓海南，艱辛備嘗，所以難免會有歸隱之想。南宋周紫芝的〈竹坡詩話〉記之曰：

「東坡性喜嗜豬，在黃岡時，嘗戲作〈食豬肉詩〉云：黃州好豬肉，價賤等糞土。富者不肯吃，貧者不解煮。慢著火、少著水，火候足時他自美。每日起來打一碗，飽得自家君莫管。」

不知這裡記述的是否就是後世流傳的東坡肉，但蘇軾在黃州時抱負落空，人生無望，也只能從日常生活中尋找意趣。而飲食之好，便是這種自得其樂、自然自在的人生態度的展現。其中，既有對珍饈美味有著無限的嚮往，又能對簡樸粗疏的飯菜甘之如飴，這又表現了蘇軾無可無不可，每於峰迴路轉處淡定自得的人生智慧。

南宋呂本中說：「能常咬得菜根者，凡百事可做。」意思是耐得艱苦，方能成就事業。但蘇軾的〈菜羹賦〉所展現的卻是不畏艱苦的決心，而是簡單、樸素中自有的趣味，而做到這一點，必須要有淡然自處、豁達大度的人格精神，和出入儒道、左右逢源的智慧。

從這兩首關於食物的賦中，我們看到了蘇軾於富貴中不忘謹慎，在窮厄中保持樂觀的曠達精神。

蘇軾還撰寫過〈酒經〉、〈濁醪有妙理賦〉、〈酒子賦〉、〈洞庭春色賦〉、〈中山松醪賦〉、〈蜜酒歌〉、〈鯿魚〉、〈食〉、〈食雉〉、〈煮魚法〉、〈豬頭頌〉等與飲食有關的詩文，他親自創製的「東坡四珍」——罏子肉、杏花雞、金蟾戲珠、五關雞，在宋

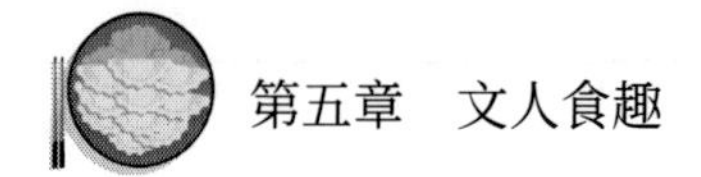

代就名噪一時。

直到現在，東坡肉、東坡肘子、東坡豆腐、芹芽鳩肉膾、東坡羹等與蘇軾有關的美食，還在人們的宴席上散發著誘人香味。

名士食饌

明清時期，文人在張揚性情的同時，開始尋覓日常生活之「道」，開啟了一個生活藝術化的時代。

這一時期有不少關於飲食理論的著述問世，如明末高濂的《遵生八箋．飲饌服食箋》、清代李漁的《閒情偶寄．飲饌部》、張英的《飯有十二合》、袁枚的《隨園食單》等。這些中國飲食史上的名著，充分反映了文人士大夫追求雅緻、考究的生活意趣。

這一時期還出現了一脈文人描寫日常生活的「憶語」類作品，如冒襄的《影梅庵憶語》、沈復的《浮生六記》等，可視為文人食饌的代表。

冒襄字闢疆，是「明末四公子」之一。他的《影梅庵憶語》一書，記載了與愛姬董小宛共同生活的九年光陰。

董小宛曾是秦淮吳門一流的歌妓，進入冒家後，她「扃別室，卻管弦，洗鉛華，精學女紅」，書香門第的生活正與她恬淡嫻靜的天性契合，為人婦的身分也帶給她「人枕灶間」的快樂。

冒襄嗜茶，她親手吹滌，碧沉香泛，二人花前月下，對酌解頤。董小宛不喜肥膩，獨愛清淡，冒襄嗜偏，她便細考食譜，采色香花蕊，研挑選晒釀，自製佐菜，其香酣殊味，迥與常別。

書中有二人日常生活的大量片段，對飲食生活的描述，在書中多次出現：

「姬（指董小宛）性淡薄，於肥甘一無嗜好，每飯以岕茶一小壺溫淘，佐以水菜、香豉數莖粒，便足一餐。

余飲食最少，而嗜香甜及海錯、風薰之味，又不甚自食，每喜與賓客共賞之。姬知余意，竭其美潔，出佐盤盂，種種不可悉記，隨手數則，可睹一斑也。

釀飴為露，和以鹽梅，凡有色香花蕊，皆於初放時採漬之，經年香味、顏色不變，紅鮮如摘，而花汁融液露中，入口噴鼻，奇香異豔，非復恆有。

最嬌者為秋海棠露，海棠無香，此獨露凝香發。又俗名斷腸草，以為不食，而味美獨冠諸花。次則梅英、野薔薇、玫瑰、丹桂、甘菊之屬，至橙黃、橘紅、佛手、香櫞，去白縷絲，色味更勝。

酒後出數十種，五色浮動白瓷中，解醒消渴，金莖仙掌，難與爭衡也。取五月桃汁、西瓜汁、一穰一絲漉盡，以文火煎至七、八分，始攪糖細煉，桃膏如大紅琥珀，瓜膏可比金絲內糖。

每酷暑，姬必手取其汁示潔，坐爐邊靜看火候成膏，不使焦枯，分濃淡為數種。此尤異色異味也。

制豆豉，取色取氣先於取味，豆黃九晒九洗為度，果瓣皆剝去衣膜，種種細料，瓜杏薑桂，以及釀豉之汁，極精潔以和之。豉熟擎出，粒粒可數，而香氣酣色殊味，迥與常別。

紅腐乳烘蒸各五、六次，內肉既酥，然後剝其膚，益之以味，數日成者，決勝建寧三年之蓄。

他如冬春水鹽諸菜，能使黃者如蠟，碧者如落。蒲藕筍蕨、鮮花野菜、枸蒿蓉菊之類，無不採入食品，芳旨盈席。

火肉久者無油，有松柏之味；風魚久者如火肉，有麂鹿之味。醉蛤如桃花，醉鱘骨如白玉，油蜎如鱘魚，蝦松如龍鬚，上兔酥雉如餅餌，可以籠而食之。

菌脯如雞粽，腐湯如牛乳。細考之食譜，四方郇廚中一種偶異，即加訪求，而又以慧巧變化為之，莫不異妙。」

上面這幾段話詳細記敘了董小宛釀飴為露，採漬色香花蕊，製作桃膏、瓜膏、豆豉、紅腐乳、火肉、風魚等的過程。所述菜品以素食為主，食材多為花、果、蔬菜、野菜等，就連風乾的魚、肉，也烹製成「松柏之味」。

這種飲食習慣沿襲了宋代以來士大夫對於素食的偏愛，反映出明清士大夫階層飲食生活的風貌。

從董小宛對菜品品相、香味的講求，對食材的精心選擇，特別是富於才情的烹飪技藝中，可以看出冒董二人日常生活的雅緻格調。這種飲食文化境界也反映出當時士大夫嚮往的藝術化生活情趣。

浮生食趣

《浮生六記》一書為沈復對其夫妻生活片段的記述，是文人將自身生活充分審美化的代表之作。

全書在精緻與優美中充滿了憂傷的情調。其中一段關於豆腐乳與蝦鹵瓜的描寫頗有韻味：

（芸）每日飯必用茶泡，喜食芥鹵乳腐，吳俗呼為臭乳腐，又喜食蝦鹵瓜。此二物余生平所最惡者，因戲之曰：「狗無胃而食糞，以其不知臭穢；蜣螂團糞而化蟬，以其欲修高舉也。卿其狗耶？蟬耶？」

芸曰：「腐取其價廉而可粥可飯，幼時食慣，今至君家已如蜣螂化蟬，猶喜食之者，不忘本也；至鹵瓜之味，到此初嘗耳。」

余曰：「然則我家系狗竇耶？」

芸窘而強解曰：「夫糞，人家皆有之，要在食與不食之別耳。然君喜食蒜，妾亦強啖之。腐不敢強，瓜可掩鼻略嘗，入咽當知其美，此猶無益貌醜而德美也。」

余笑曰：「卿陷我作狗耶？」

芸曰：「妾作狗久矣，屈君試嘗之。」

以箸強塞余口。余掩鼻咀嚼之，似覺脆美，開鼻再嚼，竟成異味，從此亦喜食。

芸以麻油加白糖少許拌鹵腐，亦鮮美；以鹵瓜搗爛拌鹵腐，名之曰雙鮮醬，有異味。

余曰：「始惡而終好之，理之不可解也。」

芸曰：「情之所鍾，雖醜不嫌。」

沈復不喜歡鹵乳腐和蝦鹵瓜，因其聞起來有臭味，便與其妻陳芸逗趣，讓她在狗和蟬中選擇。而陳芸不但巧妙作答，而且說服丈夫品嚐並最終愛上這兩味菜餚。文中記述了這兩味菜餚的口味和陳芸對其改進的烹製方法，生活色彩頗為濃厚。

冒襄和董小宛是名士名媛，過著深宅廣院、錦衣玉食的生活，而沈復和陳芸則是貧寒士族，有時還要為衣食操心，他們的飲食以及對飲食的態度，本並不相同。然而，由上文可知，他們寄情瑣細的日常生活和人倫之情，表達流連人生的意趣，又並無不同。

這種將日常飲食情趣化和藝術化的方式，使脫離了主流意識形態的生命存在更有意義、更有價值。

第二節　文藝作品中的飲食

詠粥詩

飲食是人們生活的主要內容之一，也是文藝作品常見的題材。中國很早就有關於飲食的文藝作品出現，而且各種體裁兼備，有很高的藝術價值。

中國是一個詩歌的國度，若將那些描寫飲食的詩作彙集起來，可以成為一部飲食文化的發展史。

早在戰國時期，楚辭中就出現過精美的飲食段落描寫，此後的文藝作品關於飲食的描述就連綿不絕。

在唐宋詩詞中就更多，大詩人陸游的〈食粥〉曰：「我得宛丘平易法，只將食粥致神仙。」宋代僧人惠洪所作〈豆粥〉詩，也是饒有趣味：

「出碓新秠明玉粒，落叢小豆楓葉赤。並花洗淨勿去萁，沙餅煮豆須彌日。

五更鍋面漚起滅，秋沼隆隆疏雨集。急除烈焰看徐攪，豆才亦趨回渦入。

須臾大勺傳淨甕，浪寒不興色如栗。食餘偏稱地爐眠，白灰紅火光蒙密。

金谷賓朋怪咄嗟，蔞亭君臣相記憶。我今萬事不知他，但覺銅瓶蚯蚓泣。」

這首詩中的「金谷」兩句是兩個典故，前句出自《世說新語．汰侈》，是說石崇要請客吃豆粥，說話之間粥便已做成，使賓客們驚訝不已；後句出自《後漢書．馮異傳》，說的是漢光武帝兵敗時，馮異於滹沱河為他進麥飯，於蕪蔞亭為他進豆粥，顯示了君臣的深情。

此前數句則詳細介紹了豆粥的選料和烹煮的過程，表達出對簡樸生活的熱愛，是一首悟道的詩。

清代《茶餘客話》中錄有明人張方賢的一首〈煮粥詩〉，詩云：

「煮飯何如煮粥強，好同兒女細商量。一升可作三升用，兩日堪為六日糧。

有客只須添水火，無錢不必做羹湯。莫嫌淡泊少滋味，淡泊之中滋味長。」

這首詩如貧寒人家的家常閒話，從節儉入手，卻將詩意落在淡泊二字上，抒發出清貧和簡樸之中安之若素、甘之若飴的人格精神。

夜宴圖

不止於詩歌，在各類文學藝術體裁中，都有關於飲食的描繪。以繪畫為例，南唐顧閎中的〈韓熙載夜宴圖〉、宋代張擇端的〈清明上河圖〉和明代仇英的〈春夜宴圖〉就是此中代表。

〈韓熙載夜宴圖〉是一幅長卷，共分五段，每段以屏風相隔，表達夜宴過程中的不同場景。其中，有聽琵琶演奏者、觀舞者、休息者、獨自賞樂者、與賓客惜別者，反映了韓熙載和賓客宴飲的多個場面，盡顯雍容華貴。

在琵琶演奏的場景中，還描繪了客人面前所陳設的几案，几案上擺放著樽酒果品及餐具，應是每人相同的一份，這便是典型的分餐制。

整幅畫雖以夜宴為名，但主要內容在歌舞，可知當時貴族的夜宴已與其他娛樂活動融為了一體。畫裡畫外，流露出一種悠然自得的意境。

明代後期文人畫十分發達，平日的盤中之物，也都成為紙上墨跡。徐渭所畫的蟹、石榴、葡萄、蔬果等，表達出自己對世界的理解和對人生的態度，其題〈葡萄圖〉云：「半生落魄已成翁，獨立書齋嘯晚風，筆底明珠無處賣，閒拋閒擲野藤中。」

塊壘人生，被寄託在這平常的果實之中，且表現得如此酣暢淋漓，可謂食物藝術史上的傑作。

《金瓶梅》

在諸多文藝作品中，鋪張飲食之豐富和精緻，並由此展現細膩的世態人情，首推《金瓶梅》和《紅樓夢》兩部小說。

《金瓶梅》的主角西門慶，利用經商所得的潑天富貴，結交官府，獲取職位，成為一個亦官亦商的惡霸。

作者利用這一形象，展示了個性解放，以及商業社會中洶湧而起的一股無所忌憚的貪欲逆流。這種貪欲除了表現於情色、權力外，主要就是衣食享受了。

在《金瓶梅》中，無論是官商往來、友朋聚會，還是普通家宴、兩情私會，都有宴飲場面的描述。

正是宴飲，將社會各個階層、各類活動串聯在一起，成為一幅末世社會的風俗畫。

《金瓶梅》第四十九回寫西門慶宴請胡僧，云：「先綽邊兒放了四碟果子，四碟小菜，又是四碟案酒……又拿上四樣下飯來。」這裡反映出晚明城市中宴請的四個典型環節。其中，果子就是點心，包括乾鮮果品和糕點，《金瓶梅》全書中所記載的果子不下四五十種。

小菜是開胃所用，主要是醃製的蔬菜或薑蒜等，一般用來配粥，也可以在非正式場合下酒。

案酒即下酒菜，一般是冷盤，如《詞話》第四十四回寫李瓶兒所備的四碟下酒菜：糟蹄子筋、鹹雞、攤雞蛋、豆芽菜拌海蜇；第二十七回寫春梅送來的下酒菜：糟鵝胗掌、臘肉絲、木樨銀魚鮓、劈晒雛雞脯翅兒。

下飯是配飯的菜品，是宴席的主角，一般味道較重，以肉食為主，分道上桌。如第四十一回吳月娘到喬家做客，廚役上的頭一道菜是水晶鵝，第二道菜是頓爛烤蹄兒，第三道菜是燒鵝，每上一道菜，吳月娘都有賞錢。

《紅樓夢》

《金瓶梅》中所描寫的飲食只是一味地奢靡，有著明顯的市井氣味。相對而言，《紅樓夢》裡的賈府則是「鐘鳴鼎食之家，翰墨詩書之族」。累世貴族的氣派，再加上寶黛釵的清雅氣質，使得大觀園中的飲食有著更為深厚的文化意蘊。

《紅樓夢》中所描寫的飲食，不僅有宮中賜出的，也有進貢宮中的，還有賈府自用的，材料十分豐富，幾乎無所不有。這從莊頭烏進孝年歲節日上交物品的名目中就可看出，而且其飲食的製作極有規矩，時常還伴有小姐少爺們的奇思妙想，可謂繽紛滿目。

據專家考證，《紅樓夢》中所描寫的飲品，有惠泉酒、紹興酒、屠蘇酒、木樨清露、玫瑰清露、酸梅湯等，其中兩種「清露」均是「進上的」，皆以花瓣製成，香氣馥郁，且有療病之效。

書中所入糕點，有糖蒸酥酪、棗泥餡的山藥糕、桂花糖新蒸慄粉糕、菊花殼兒桂花蕊燻的綠豆面子、菱粉糕、雞油捲兒、藕粉桂糖糕、松瓤鵝油卷、螃蟹小餃兒、如意糕、奶油松瓤卷酥等。

粥品有碧粳粥、燕窩粥、臘八粥、鴨子肉粥、江米粥、棗兒熬的粳米粥、紅稻米粥等。

書中寫到的菜餚種類眾多，諸如糟鵝掌、火腿燉肘子、炸鵪鶉、糟鵪鶉、牛乳蒸羊羔、叉燒鹿脯、野雞爪子、酒釀清蒸鴨子、醃燕脂鵝脯、雞髓筍、椒油純齏醬、茄鯗、鵪鶉崽子湯、酸筍雞皮湯、野雞崽子湯、火腿鮮筍湯等。參考邱龐同《紅樓夢中餚饌考略》，載《中國烹飪》一九八五年五、六期。

從這些食物的名稱中，我們能看出，大部分食物都是由多種食材製作而成的，有著較為複雜的烹飪技藝，如鳳姐在對劉姥姥解釋「茄鯗」的做法時說：

「你把才下來的茄子把皮籤了，只要淨肉，切成碎釘子，用雞油炸了，再用雞脯子肉並香菌，新筍，蘑菇，五香腐乾，各色乾果子，俱切成丁子，用雞湯煨乾，將香油一收，外加糟油一拌，盛在瓷罐子裡封嚴，要吃時拿出來，用炒的雞瓜一拌就是。」

這道「茄鯗」的製作方式極為繁複，而且耗費材料，難怪劉姥姥搖頭吐舌道：「我的佛祖！倒得十來隻雞來配它，怪道這個味兒！」

從對一些食物製作工具的描述中，也可看出賈府飲食的講究。書中有一節寶玉捱打後臥床不起，王夫人問寶玉想吃什麼。寶玉說：「也倒不想吃什麼，倒是那一回做的那小荷葉兒、小蓮蓬兒湯還好些。」

原來，這湯是以模子製出的麵餶飿，墊以荷葉蒸出來，再汆入雞湯。當這套模子被找出來，薛姨媽接過來看：

「原來是個小匣子，裡面裝著四副銀模子，都有一尺多長，一寸見方，上面鑿著有豆子大小，也有菊花的，也有梅花的，也有蓮蓬的，也有菱角的。共有三四十樣，打的十分精巧。

因笑向賈母、王夫人道：『你們府上也都想絕了，吃碗湯還有這些樣子。若不說出來，我見這個也不認得這是作什麼用的。』」

如薛姨媽所說，這模具設計頗為用心，可見飲食在賈府中已經完全被藝術化了。

除了製作考究外，賈府的餐具和酒席布置也獨具匠心，而且大都與場合、時令、人物心境等相契合，烘托出融洽的藝術氣氛。如七十五、七十六兩回寫賈府中秋賞月之時舉行夜宴，賈母在眾人攙扶下來到凸碧山莊，書中描述道：

「這裡賈母仍帶眾人賞了一回桂花，又入席換暖酒來。正說著閒話，猛不防只聽那壁廂桂花樹下，嗚嗚咽咽，悠悠揚揚，吹出笛聲來。

趁著這明月清風，天空地淨，真令人煩心頓解，萬慮齊除，都肅然危坐，默默相賞。聽約兩盞茶時，方才止住，大家稱讚不已。」

這一段描寫極富意境，將中秋時節的空明和清爽，以及人們由此而感受到的寧靜和超脫，寫得透澈輕盈。這樣的宴飲環境安排，在《紅樓夢》中有很多，足可知作者布局的匠心獨運和高超的寫作能力。

《紅樓夢》中不少宴飲還伴有音樂、詩歌等活動，如第三十八回寫賈府內眷賞桂花吃螃蟹，園中小姐們不但飲酒作樂，還乘興作詩，其中寶玉、黛玉、寶釵各作有詠螃蟹詩，寶釵寫道：「桂靄桐陰坐舉觴，長安涎口盼重陽。眼前道路無經緯，皮裡春秋空黑黃。酒未滌腥還用菊，性防積冷定須薑。於今落釜成何益，月浦空餘禾黍香。」

此詩對螃蟹的描繪入木三分，眾人不禁叫絕，整個螃蟹宴由此而增添了無限情趣，給人留下難以忘懷的印象。

《紅樓夢》中的飲食描寫，是一種藝術性的創造，虛實之中，不僅展示了古代烹飪技藝的精華，而且再現了飲食作為藝術和文化的多重內涵，傳遞著中國傳統飲食文化的浪漫情懷。

第三節　食文化典籍

《齊民要術》

《齊民要術》是中國乃至世界現存最古老、最完整的綜合性農書之一，素有「農業百科全書」之稱，其作者是北魏時期的農學家賈思勰。

《齊民要術》大約成書於北魏末年，書名中的「齊民」是指平民百姓，「要術」是指謀生方法。這部著作系統地總結了六世紀以前黃河中下游地區農牧業的生產經驗、食品的加工與貯藏、野生植物的利用等，對中國古代農學的發展產生了重要影響。尤其是專門記錄飲食烹飪的篇章，是極其珍貴的烹飪史料，對中國飲食文化的發展意義重大。

賈思勰，益都（今屬山東）人，出生在一個世代務農的書香門第，其祖上就很重視農業生產技術知識的學習和研究，這對他影響很大。

賈思勰從小博覽群書，成年後曾任高陽郡（今山東臨淄）太守等官職，到過山東、河北、河南等許多地方。每到一地，賈思勰都非常重視對農業生產技術的考察和研究，並向當地農民請教經驗，因此獲得了不少農業生產知識。中年以後，他回到故鄉，開始經營農牧業，並掌握了多種農業生產技術。

賈思勰所生活的年代，正是北魏政權建立並逐步統一北方地區的時候。北魏孝文帝在社會經濟方面實施的一系列改革，刺激了農業生產的發展，促進了社會經濟的進步。

大約在北魏永熙二年（五三三年）到東魏武定二年（五五四年）期間，賈思勰把累積的古書上的農業技術資料和請教農民獲得的實際經驗，結合自己的親身實踐，加以分析、整理、總結，寫成《齊民要術》一書。

《齊民要術》由自序、雜說和正文三大部分組成。正文共九十二篇，分十卷，共十一萬字，書前有「自序」、「雜說」各一篇。

《齊民要術》的內容相當豐富，涵蓋範圍極廣，特別是書中第八、九兩卷，記錄了關於飲食烹飪的文字二十五篇。涉及二十多種烹飪方法和近三百種菜品，包括造麴、釀酒、製鹽、做醬、造酢、製豆豉、做齏、做乍、做脯臘、製乳酪、烹製菜餚和製作點心等內容。

《齊民要術》中記錄的烹飪方法主要有醬、醃、糟、醉、蒸、煮、煎、炸、炙、燴、溜等。特別是其中「炒」製一法，將這種由旺火速成的烹飪方法明確記錄下來，其影響深遠，至今「炒」法已成為中國菜餚的最主要烹飪方法。

書中還記錄了麵團的發酵方法，以及十多種麵點的製作方法。特別是詳細記載了「水引」這種麵食的製作方法，水引後來

廣泛被認為是現今麵條的雛形。

在此之前，雖然製醬、製醋、製酒等技術已然發明，卻沒有文字資料對其製作方法加以詳細記載。

《齊民要術》對於農產品加工、釀造、烹飪、貯藏等技術的記錄，彌補了這個空白。如「作醬法」一節，既記述了豆醬的製作方法，也收錄了肉醬、魚醬、蝦醬、榆子醬等的製作方法。

書中特別記載了十多種造麴釀酒的技術和四十多種釀酒方法，對於造麴的用料、用水、粉碎、衛生、發酵時間等過程都一一進行了論述。

此外，《齊民要術》還介紹了各地及少數民族的飲食習俗和菜餚名品，如「胡炮肉」、「羌煮」、「灌腸」、「炙蠣」等，內容十分豐富。

作為一部文字典籍，《齊民要術》也留下了妙語，如「一年之計，莫如樹穀；十年之計，莫如樹木」，其中還有許多佳句，至今仍為人們樂道。

《東京夢華錄》

《東京夢華錄》是一部追述北宋都城東京（今開封市）城市風物的著作，凡十卷，約三萬字，作者為孟元老。

書中所記大多是宋徽宗崇甯到宣和（西元一一〇二至

一一二五年）年間北宋都城東京的盛況，描述上至王公貴族，下及庶民百姓，幾乎無所不包。

其中，既有對京城的外城內城、河道橋梁、皇宮官衙、朝廷朝會、郊祭大典、歌舞百戲等風貌的紀錄，也有對民間的街巷坊市、店鋪酒樓、民風習俗、時令節日、飲食起居等日常生活的描述。其中，諸多涉及當時飲食風俗的內容，是反映北宋飲食文化發展的重要文獻。

孟元老，原名孟鉞，生於北宋末年。孟元老在《東京夢華錄·序》中說，自幼隨父宦遊南北，宋徽宗崇寧癸未年（西元一〇三年）來到京城，居住在城西的金梁橋西夾道之南，在京城長大成人。

靖康之難第二年（西元一二七年），孟元老離開東京南下，避地江南，遂終老此生。靖康之難後，中原人士大多隨朝廷南下，故鄉之思時刻縈繞心頭。

在避地江南的數十年間，孟元老寂寞失落中也常回想當年東京繁華，自然無限惆悵。而與年輕人談及東京當時繁貌，年輕人「往往妄生不然」。

為了不使談論東京風俗者失於事實，讓後人開卷能睹東京當時之盛貌，孟元老在悵然中提筆追憶當年東京繁華，編次成集，於南宋紹興十七年撰成《東京夢華錄》。

在《東京夢華錄·序》中孟元老追述了當年東京極度繁盛的

場景：

「正當輦轂之下，太平日久，人物繁阜。垂髫之童，但習鼓舞，斑白之老，不識干戈。時節相次，各有觀賞：燈宵月夕，雪際花時，乞巧登高，教池遊苑。

舉目則青樓畫閣，秀戶珠簾。雕車競駐於天街，寶馬爭馳於御路，金翠耀目，羅琦飄香。新聲巧笑於柳陌花衢，按管調弦於茶坊酒肆。

八荒爭湊，萬國咸通，集四海之珍奇，皆歸市易，會寰區之異味，悉在庖廚。花光滿路，何限春遊？簫鼓喧空，幾家夜宴，伎巧則驚人耳目，侈奢則長人精神。」

在《東京夢華錄》一書提到的一百多家店鋪中，酒樓和各種飲食店占半數以上，其中既有「七十二戶」大型上等酒樓，也有坊間的酒館食肆、販食攤子、夜市小吃。

在《東京夢華錄．卷二．飲食果子》一節，記錄了當時的茶飯菜品，種類極其豐富。所謂的「茶飯」，就有百味羹、頭羹、新法鵪子羹、入爐細項蓮花鴨、簽酒炙肚胘、虛汁垂絲羊頭、入爐羊羊頭、炒蛤蜊、炒蟹、旋切萵苣生菜、西京筍等數十種。

篇中記錄的果品有銀杏、栗子、河北鵝梨、梨條、梨乾、梨肉、膠棗、棗圈、桃圈、核桃、肉牙棗、海紅嘉慶子、林檎旋烏李、李子旋櫻桃、煎西京雪梨、尖梨、甘棠梨、鳳棲梨、鎮府濁梨、河陰石榴、河陽查子、查條等。做法考究，種類繁多，足見當時東京之食俗盛貌。

《東京夢華錄》首以筆記體描述城市風土人情、掌故名物，自刊行以來，一直為文人墨客所喜愛，在談及北宋晚期東京掌故時，莫不首引。

此後，又出現了以《都城紀勝》、《西湖老人繁勝錄》、《夢粱錄》、《武林舊事》等為代表的反映南宋都城臨安的同類筆記小說，這為後人了解當時的世俗人文、飲食風貌，提供了詳實豐富的資料。

《飲膳正要》

《飲膳正要》撰成於元朝天曆三年（西元三二〇年），全書共三卷，為飲膳太醫忽思慧所撰，是中國第一部完整的飲食衛生、食療及古代營養學專著，也是一部頗有價值的古代食譜。

在中國食療史以至醫藥發展史上占有較為重要的地位，並對研究蒙古族、回族等少數民族的飲食文化具有重要意義。

忽思慧是一位很有成就的營養學家。他長期擔任宮廷飲膳太醫，負責宮廷中的飲食調理、養生療病諸事。

忽思慧很重視食療與食補的研究與實踐。他在繼承前代本草著作與食療學成就的基礎上，又汲取民間日常生活中的食療實踐，並把元文宗以前歷朝宮廷的食療經驗加以總結整理，編撰成《飲膳正要》。

《飲膳正要》卷一講的是諸般禁忌，包括養生禁忌、妊娠禁忌、乳母禁忌、飲酒禁忌，以及聚珍品撰。卷二講的是原料、湯飲和食療，如各種湯煎、神仙服餌、四時所宜、五味偏走、食療諸病、食物利害和相反中毒等。卷三講的是米穀品，如獸品、禽品、魚品、果菜品和料物等。

同時，書中還蒐集記錄了許多少數民族的飲食資料，並彙集了歷代朝中的奇珍異饌、食療方劑，重點論述了飲食禁忌和衛生藥理等問題。

忽思慧在書中深刻地論述了養生之道，特別是飲食與養生的辯證關係。他認為：

「心為一身之主宰，萬事之根本，故身安則心能應萬變，主宰萬事，非保養何以能安其身。保養之法，莫若守中，守中財無過與不及之。

病調順，四時節慎飲食，起居不妄，使以五味調和五藏，五藏和平，則血氣資榮，精神健爽，心志安定，堵邪自不能入，寒暑不能襲，人乃怡安。

……有大毒者治病，十去其六，常毒治病，十去其七，小毒治病，十去其八，無毒治病，十去其九，然後穀肉果菜，食養盡之，無使過之，以傷其正，雖飲食百味，要其精粹，審其有補，益助養之，宜新陳之異，溫涼寒熱之性，五味偏走之病，若滋味偏嗜，新陳不擇，製造失度，俱皆致疾，可者行之，不可者忌之。

……孫思邈曰：謂其醫者，先曉病源，知其所犯，先以食療，食療不癒，然後命藥，十去其九。故善養生者，謹先行之，攝生之法，豈不為有裕矣。」

《飲膳正要》雖主要為皇帝延年益壽而著，但對民間百姓的生活也造成了很大作用，該書序言有云：

「中宮覽焉念，念祖宗衛生之戒，知臣下陳義之勤，思有以助呈上之誠身，而推其仁民之至意，命中政院使臣拜住刻梓而廣傳之。

茲舉也，蓋欲推一人之安而使天下人舉安，推一人之壽而使天下之人皆壽，恩澤之厚，豈有加於此者哉，書之既成大都留守臣金界奴傳。」

食療的傳統早在周代便已有之，當時的食醫專管與飲食有關的醫藥問題，並將飲食作為治療手段。

與此不同的是，《飲膳正要》首次為健康人的膳食標準立論，特別闡述了各種飲饌的性味與滋補作用，講究以飲食營養滋補身體，求得強身養生的目的。

《飲膳正要》記載的藥膳方和食療方非常豐富，並制定了一套飲食衛生法則。其中，還闡發了飲食衛生、營養療法，乃至食物中毒的防治方法等。明代名醫李時珍所著《本草綱目》中，也曾引用該書的有關內容。

《閒情偶寄》

《閒情偶寄》是中國清代的一部戲曲理論專著，康熙十年（西元六七一年）寫成，作者為李漁。該書包括詞曲、演習、聲容、居室、器玩、飲饌、種植、頤養等八部，其中的「飲饌部」專門論述了飲食之道。《閒情偶寄》一書在中國傳統雅文化中享有很高聲譽，被譽為古代生活藝術大全。

李漁原名仙侶，中年改名為李漁，字笠鴻，號笠翁，江蘇如皋人，明末清初著名戲曲家。由於祖輩在如皋創業已久，李漁自幼生活富足，後來由於在科舉中失利，便放棄了以仕途騰達來光耀門戶的追求。

李漁素有才子之譽，世稱李十郎。他曾在家中設立戲班親自調教，並到各地演出，同時還有大量戲曲文學作品問世，《閒情偶寄》就是其中最為著名的一部。

《閒情偶寄》的「飲饌部」彙集了李漁的飲食文化思想。李漁的飲食之道主張，於儉約中求飲食的精美，在平淡處得生活之樂趣。李漁的飲食原則可以概括為二十四字訣，即：重蔬食，崇儉約，尚真味，主清淡，忌油膩，講潔美，慎殺生，求食益。他在書中提出：

「聲音之道，絲不如竹，竹不如肉，為其漸近自然。吾謂飲食之道，膾不如肉，肉不如蔬，亦以其漸近自然也。

草衣木食，上古之風，人能疏遠肥膩，食蔬蕨而甘之，腹中菜園，不使羊來踏跛。是猶作義皇之民，鼓唐虞之腹，與崇尚古玩同一致也。」

其中的取道自然，正展現了中國傳統文化對飲食之美的追求。

《閒情偶寄》文字清新雋永，內容典雅質樸，讀後齒頰留香，餘味無窮。它首開現代生活美文之先河，所提出的藝術化的生活理想，薰陶、影響了周作人、梁實秋、林語堂等一大批現代散文大師。

《隨園食單》

《隨園食單》是一部系統論述烹飪技術和南北菜點的重要飲食文化著作，出版於清乾隆五十七年（西元七九二年），作者是清代著名文學家袁枚。

袁枚，字子才，號簡齋、隨園老人，浙江錢塘（今杭州）人，乾隆、嘉慶時期代表詩人之一。乾隆四年（西元七三九年）進士，授翰林院庶起士。乾隆七年外調做官，曾任江寧、上元等地知縣，政聲頗好。三十三歲父親亡故，辭官養母，在江甯（今南京）購置隋氏廢園，改名「隨園」，築室定居，自此開始了近五十年的閒適生活，成為一代文人名士。《隨園食單》是他晚年整理寫成的一部烹飪專著。

《隨園食單》全書分為須知單、戒單、海鮮單、江鮮單、特牲單、雜牲單、羽族單、水族有鱗單、水族無鱗單、雜素選單、小選單、點心單、飯粥單和菜酒單等十四篇，著重論述了烹飪中的各類注意事項和應該克服的弊端，理論色彩很強。

書中列舉了三百餘種菜餚、點心、粥、飯、酒、茶，上至山珍海味，下至清粥小菜，其菜品除了江南的地方風味外，還涉及魯、徽、粵等地方風味，種類非常豐富。

在開篇的「須知單」中，袁枚以學問之道作比飲食，認為飲食和做學問一樣要「先知而後行」，並從食材秉性、作料配伍、洗刷之法、調味搭配、火候掌握、遲速變換、器皿選用、上菜方式、時節取料、食器潔淨、選料要求等方面對於食物烹飪的重要事項一一加以論述。

如在「先天須知」中，他強調了食材先天資秉的重要：

「凡物各有先天，如人各有資稟。人性下愚，雖孔、孟教之，無益也；物性不良，雖易牙烹之，亦無味也。

指其大略：豬宜皮薄，不可腥臊；雞宜騸嫩，不可老稚；鯽魚以扁身白肚為佳，烏背者，必崛強於盤中；鰻魚以湖溪游泳為貴，江生者，必槎牙其骨節；穀餵之鴨，其膘肥而白色；壅土之筍，其節少而甘鮮；同一火腿也，而好醜判若天淵；同一臺鯗也，而美惡分為冰炭。其他雜物，可以類推。

大抵一席佳餚，司廚之功居其六，買辦之功居其四。」

隨後，在「戒單」中，袁枚對烹飪和飲食提出了「十四戒」，即「戒外加油」、「戒同鍋熟」、「戒耳餐」、「戒目食」、「戒穿鑿」、「戒停頓」、「戒暴殄」、「戒縱酒」、「戒火鍋」、「戒強讓」、「戒走油」、「戒落套」、「戒渾濁」、「戒苟且」。他認為，興一利不如除一弊，要以此「戒單」提醒人們，應除去烹製食物和飲食品味之弊。

《隨園食單》後面的十二個篇章分為十二類，用大量篇幅詳細記述了三百二十六種南北菜餚飯點，以及當時的美酒名茶。分別列出海鮮單九種、江鮮單六種、特性單四十三種、雜性單十六種、羽族單四十七種、水族單四十四種、雜素選單四十七種、小選單三十九種、點心單五十七種、飯粥單兩種、菜酒單十六種，內容從選料到品嚐都有敘及。

其中，燕窩位於「海鮮單」之首，也是全書菜品之首，袁枚記之曰：

「燕窩貴物，原不輕用。如用之，每碗必須二兩，先用天泉滾水泡之，將銀針挑去黑絲，用嫩雞湯、好火腿湯、新蘑菇三樣湯滾之，看燕窩變成玉色為度。

此物至清，不可以油膩雜之；此物至文，不可以武物串之。」

在這裡，袁枚提出的燕窩做法是：取燕窩二兩，先用燒開的天然泉水泡發，用銀針挑去裡面的黑絲。然後加嫩雞湯、好火腿湯、新蘑菇湯三種湯一起煮，以燕窩變成玉色為度。他認為，燕窩至清，不可以油膩雜之；燕窩又非常柔軟，因此也不可與硬物混雜。

《隨園食單》中曾提及多位官僚、富商的府邸飲食，並常注以「某某家製法最精」、「某某家某菜極佳」等評語。由此可知，《隨園食單》確實是袁枚在品嚐百味的基礎上撰寫而成的。這不同於一般食譜從紙上抄錄或道聽塗說的舊習，加之袁枚自身獨到的精闢見解，使得該書具有極高的史料價值和使用價值。

總體而言，中國古代烹飪典籍的創作發展到清代進入了一個鼎盛時期。此間烹飪典籍眾多，且不少都是集前代大成之作，還出現了以詩歌形式歌詠食品的專著。

除了上面提到的作品外，這一時期較為重要的烹飪專著還有顧仲的《養小錄》、童岳薦編撰的《調鼎集》和黃雲鵠的《粥譜》等。

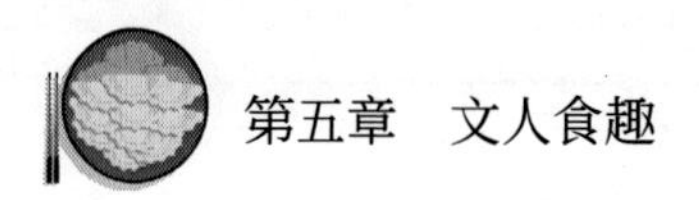

第五章　文人食趣

第六章　民族飲食

第一節　森林和草原上的佳餚

飲食文化是具有代表性的民族文化之一，在相當程度上起著維繫族群生活方式、情感和精神認同的作用。

中國是一個多民族國家，從北國邊陲到南疆海島，生活著不同的民族，豐富多彩的民族生活，共同建構了內涵博大的中華文化。

由於所處地域的不同，生產和生活方式、宗教習俗等方面的差異，各民族在食材、烹飪、飲食習慣上，都有著明顯的特徵。不同民族之間的交流和融合，也深刻地影響著中華飲食文化的發展。

中國東北地處寒溫帶和溫帶溼潤、半溼潤地區，茂密的森林，遼闊的草甸、草原，為畜牧業和農業的發展提供了優越的自然條件。在漫長的歷史中，這片肥沃的土地孕育了滿族、朝鮮族、鄂倫春族、蒙古族等多個民族。

中國北方，則主要是草原地貌，是以游牧為業的蒙古族的故鄉。各個民族和平發展，創造出地域風情明顯，而又各具特色的飲食文化。

山珍海味的滿族

滿族的歷史可追溯到兩千多年前的肅慎，其後裔一直生活在長白山以北、黑龍江中上游和烏蘇里江流域。遼時稱女真，後改稱女直，明代複稱為女真。

明末建州女真的首領愛新覺羅．努爾哈赤統一女真各部，建立後金政權，其子皇太極又改國號為「清」，改族名為「滿洲」。

滿洲系「滿珠」轉音，梵稱「曼珠師利」，意為「吉祥」。一六四四年，清軍入關，入主中原。從此滿漢雜居，飲食文化也相互影響、交融。

滿人飲食風俗兼有游牧民族與農耕民族的特點，兼食肉類和穀類。史書中多有滿族養豬食肉的記載。《晉書．東夷傳》說：「（肅慎）多畜豬，食其肉，衣其皮……坐則箕踞，以足挾肉而啖之，得凍肉，坐其上令暖。」

此外，唐代黑水靺鞨則主要以養豬為生。《三朝北盟會編》卷三引《女真傳》說：「其飯食則以糜釀酒，以豆為醬，以半生米為飯，漬以生狗血及蔥韭之屬，和而食之，芼以蕪荑。」這是說，女真時期，飲食結構發生了變化，有了主副食的概念。其日常食物中多以米飯為主食，乳類製品、蔬菜和野菜等，也都成了常見的食物。

滿族很早就有飲酒之俗。滿族在南北朝至隋唐時稱「勿吉」、

「秫羯」，《魏書．勿吉傳》：「有粟及麥，菜則有葵。水氣鹹凝，鹽生樹上，亦有鹽池。多豬無羊。嚼米醞酒，飲能至醉。」

《北史．勿吉傳》、《新唐書．黑水靺鞨》亦有相似記載。所謂「嚼米醞酒」，就是用口將「米」嚼碎，由於唾液酶可以發酵，造成酒麴的作用，將碎米貯存起來，經過一定的時間，酒即釀成。這是一種較為原始的釀酒方法。

自後金政權的建立到一六四四年清軍入關，滿族雖仍保持著「引弓之民」的生活傳統，但狩獵已經不再是其主要的生產方式了。

此時，畜牧飼養和糧食種植的地位逐漸上升，滿族人開始大面積種植粟、高粱、大麥、小麥、蕎麥等，飲食習慣也隨之改變。

此外，由於不斷向外征戰，各種外族食品以戰利品或貢品的形式進入滿人生活，例如茶飲及代茶飲品，其中包括芝麻茶、麵茶、松羅茶、青茶、黑茶、奶茶等，大多從外族傳入。

清人入關以後，飲食習慣漢化較為明顯，有了燒、烤、煮、蒸、燉、炒、扒、焰、煨、炸、熬、煎、涮、拌、醃、溜、貼等多種烹調方法，食器也改為陶瓷品、金屬器，而不再以木製食具為主了。

滿族早期以漁獵生活為主，多吃脂肪含量高的動物，可以幫助他們度過嚴寒的冬日。隨著種植業的發展，高粱、小米、玉米和糜子成為滿人的主食，並有了麵食及米飯。滿人在煮米飯時常加入小豆或粑豆，製成豆乾飯。乳製品也是他們的生活必需品。

滿人主食還講究季節性，如春吃豆麵餑餑，夏吃蘇子葉餑餑，秋冬吃黏糕餑餑，過節吃餃子等。

滿族飲食的特點大體上可概括為如下幾個方面。

第一，以燒煮為主。清人袁枚在《隨園食單》中曾指出「滿洲菜多燒煮」。生烤和白煮是滿族最有特色的烹調方法。

第二，喜食酸菜。漬酸菜不光是為了口味的獨特，還是滿人為度過漫長冬季的一種儲藏蔬菜的方法。

第三，喜食豬肉。豬是滿族先民飼養最普遍的家畜，白煮豬肉是滿人常見的飲食。

第四，喜食黏食。黏食耐餓，也能幫助滿人過冬。

第五，嗜飲酒。滿族人一般不好飲茶，但好飲酒。黃酒是滿族人最喜歡飲用的一種。這種習俗也與地方寒冷、酒能驅寒有關。

清末民初，東北民間有很多歌謠，很形象道地出了滿族飲食的特點，如以下兩首：

「南北大炕，高桌擺上。黃米乾飯，大油熬湯。膀蹄肘子，切碎端上。四個盤子，先吃血腸。

黏麵餅子小米粥，酸菜粉條燉豬肉。平常時節小豆腐，鹹菜瓜子拌蘇油。」

滿族人的許多節日與漢族相同，節日飲食也相近，如臘月初八吃「臘八粥」，除夕吃餃子，祭祀以豬和豬頭為主要祭品等。

有名的滿族傳統民族食物很多，如白肉酸菜血腸、薩其馬等。滿族人喜吃豬肉，並在長期的生活中形成了成熟而獨特的烹調豬肉的技術。

清人姚元之《竹葉亭雜記》云：「主家僕片肉於錫盤饗客，亦設白酒。是日則謂吃肉，吃片肉也。」這說的就是白肉。其做法是將皮薄肉嫩的肥豬腰盤肉或五花肉切成塊狀，放入清水鍋中，佐以蔥、薑、大料、花椒、鹽等煮熟後，切成薄片，味道鮮美，肥而不膩。

血腸的做法是將新鮮豬血拌以調料和鮮湯，攪碎後灌於洗淨的豬腸內，煮熟、切成片即成。白肉、血腸片可佐以蒜泥、韭菜花、辣椒油冷食，亦可將之與酸菜、粉條、調料、老湯一起煮燉熱食，就做成了白肉酸菜血腸。

此外，滿漢全席，又稱「滿漢燕翅燒烤全席」、「滿漢大席」、「燒烤全席」，是中國古代最為龐大的餚饌系統，是滿、漢各族飲食文化融合的結晶。本書第二章已有詳述，在此不再贅述。

滿族飲食文化是東北飲食文化的主流，對中國飲食文化也有著廣泛而深遠的影響，北京菜系也是在滿族傳統飲食的基礎上發展而來的。

以醬為伴的朝鮮族

中國朝鮮族是一個遷入民族。十七世紀，就有來自朝鮮半島的朝鮮軍人被俘虜後留在東北。從十九世紀中葉開始，由於朝鮮北部連年災荒，加之官府沉重的苛捐雜稅，朝鮮災民大批遷徙到中國東北邊疆地區。

他們大多從事農業生產，部分從事林、副業，在長期的歷史中，逐漸形成了一個保持鮮明民族傳統和基本特徵的民族——中國朝鮮族。

朝鮮族今日常見的民族飲食，都有著悠久歷史。朝鮮族泡菜在古時是用鹽或大醬、醬油醃製的，辣味調料主要是大蒜、生薑等。

十六世紀中葉以後，辣椒傳入朝鮮半島，泡菜的製作方式和特點就基本定型了。十八世紀朝鮮族的有關文獻中已有打糕的記載，當時稱「引絕餅」。此外，據一百多年前的《東國歲時記》記載：「用蕎麥麵沈清和豬肉名日冷麵。」這是有關朝鮮涼麵的最早記載。

朝鮮族人民用自己的智慧，創造了本民族豐富的飲食文化。他們主要從事農業，以稻米為主食，輔以少量雜糧和麵粉等，其飲食特點主要表現為以下幾點。

第一，崇尚天然。朝鮮族人往往選取多種山野菜和多種蔬菜的葉莖，蘸醬生食。此外，朝鮮族主食以米飯為主，米飯製作鬆軟清香，菜餚則以生拌、涼拌、煮、煎、炒為主，技藝簡單，以求保持食材的原味。

第二，喜喝湯。朝鮮族人幾乎每餐都有湯，湯有涼湯和熱湯之分。日常湯用石鍋燉製，有狗肉湯、參雞湯等，基本不用辛香料。大醬湯是朝鮮族最為著名的菜餚，一般用大醬、蔬菜、海菜、豆腐、蔥、蒜等原料和清水製作，有時也用肉類熬製。

第三，喜吃辣椒。朝鮮族人一般以辣椒作為菜和湯的調料，也有醃製辣椒，或以生辣椒蘸醬食用。

第四，泡菜是朝鮮族的代表性食物。辣白菜是朝鮮族世代相傳的一種佐餐食品，其獨特的醃製技術保留了蔬菜的鮮嫩質地和天然的味道，深受朝鮮族人民喜愛。

此外，朝鮮族人還愛吃狗肉。朝鮮族醫學認為，狗肉具有溫中補腎、強身健體之功效。朝鮮族諺語就有「狗肉滾三滾，神仙站不穩」之說，以喻狗肉味道的鮮美誘人。

狗肉湯也是朝鮮族人鍾愛的食物。朝鮮族往往在三伏天宰殺狗、吃狗肉湯，而在節日，或辦紅白喜事時，卻是絕對不吃狗肉的。狗肉湯的傳統吃法是把狗肉烀熟後，吃掉一部分，在剩下的肉湯裡放入大醬和乾白菜等蔬菜繼續燉，成為狗醬湯。

延邊和牡丹江一帶的朝鮮族，則是先將狗肉放入清水裡煮熟，撈出內臟作為下酒菜，等鍋裡的肉爛熟後，撈出來撕成絲，放入碗中肉湯裡，稱為「狗肉湯」。

狗肉湯要配狗醬吃，「狗醬」的做法是將煮熟的腸子剁碎後，與醬油、辣椒麵、蒜泥、蔥花、野蘇子葉等調味品拌成糊狀。吃狗內臟和狗肉湯時，都要蘸這種「狗醬」。狗肉湯是朝鮮族「湯文化」的代表食品之一。

朝鮮族還有吃「五穀飯」的習俗，即用江米、大黃米、小米、高粱米、小豆做成的五種穀類飯。新羅時代，以正月十五為「烏忌之日」，要用五穀飯祭烏鴉。這一天，農民還將五穀飯放入牛槽，認為牛先吃的那一種將會獲得豐收。

朝鮮涼麵，又叫「高麗麵」，是將蕎麥粉、小麥麵、澱粉混合壓而製麵條，也有用玉米麵、高粱米麵加榆樹皮麵製成。其做法是，將麵條在煮熟後撈出，用冷水反覆浸泡、瀝乾，拌上香油、胡椒、辣椒麵、鹽、醬、醋、味精、芝麻、泡菜等佐料，再放上熟牛肉片、雞蛋、蘋果片等，澆湯冷食。

朝鮮族人吃涼麵，非常講究用湯，有「七分湯，三分麵」之說。湯有肉湯、豆汁湯、泡菜湯等，冷卻後去油，方可食用。朝鮮涼麵以滑潤筋道、酸甜清爽而聞名，是朝鮮族人四季愛吃的食物。按照傳統，正月初四中午，朝鮮族都要吃涼麵，據說可以長命百歲。

打糕，又稱豆糕，是著名的朝鮮族傳統風味小吃，年節、喜事及待客時都要做打糕。其做法是，先把糯米浸泡三至四小時，然後撈出來灑少量鹽水蒸熟，再將蒸熟的米放到木槽或石槽裡，用木槌反覆推壓、捶打，直到米粒全部被打碎，最後將其盛入盤裡，用刀割成小塊，裹上熟黃豆麵或小豆沙食用。

朝鮮族很重視食禮，有尊老敬客的傳統。此外，朝鮮族的日常飲食還特別講究食補和食療，講求以飲食養護身體健康。

對酒割肉的蒙古族

蒙古族是一個歷史悠久、勤勞勇敢而又富有傳奇色彩的民族。千百年來，蒙古族過著「逐水草而遷徙」的游牧生活，中國的大部分草原都留下了蒙古族牧民的足跡。

中國蒙古族主要聚居在內蒙古自治區，此外，東北三省、新疆、甘肅、青海等地，也有蒙古族居住，他們主要從事畜牧業和半農半牧業。

各地蒙古族由於地理位置、自然條件、生產發展狀況的不同，在飲食習慣上也不盡相同。在牧區，蒙古族以牛羊肉、乳食為主食，在農區、半農半牧區，他們的飲食習慣與漢族大體相同。

「蒙古」最初只是蒙古諸部落中一個部落的名稱。十三世紀初，以成吉思汗為首的蒙古部統一了蒙古地區諸部，逐漸形成了蒙古族。

蒙古族早期從事狩獵，主要以獵獲物為食品，食物並不豐富。宋人彭大雅的《黑韃事略》中記載了蒙古人飲食習慣：

「其食，肉而不粒。獵而得者，曰兔，曰鹿，曰野彘、曰黃鼠，曰頑羊，其脊骨可為杓，曰黃羊，其背黃，尾如扇大，曰野馬，如驢之狀。

曰河源之魚，地冷可致。牧而庖者，以羊為常，牛次之。非大宴會不刑馬。火燎者十九，鼎煮者十二三。」

由此可見，蒙古人大塊吃肉的烹飪方法主要是烤製，其次才是煮食。

《黑韃事略》還記載了酸馬奶的製作過程：「馬之初乳，日則聽其駒之食，夜則聚之以秭（手撚其乳曰秭），貯以革器，澒數宿，味微酸，始可飲，謂之馬奶子。」其做法是，將擠好的馬奶盛裝在皮囊等容器中，反覆攪動或馱於馬身上任其自然顛簸，使奶在劇烈撞擊下溫度不斷升高，產生酸味以後就製成了酸馬奶。

酸馬奶繼續發酵並產生分離，渣滓下沉，醇淨的乳清上浮，便成了蒙古族的佳釀馬奶酒。馬奶酒清冽甘甜，不羶不醉，回味無窮。蒙古國名臣耶律楚材曾有詩贊其曰：「淺白痛思瓊液冷，微甘酷愛蔗漿涼。茂陵要灑塵心渴，願得朝朝賜我嘗。」十三世紀義大利旅行家馬可．波羅（Marco Polo）在其《馬可．波羅遊記》(*The Travels of Marco Polo*)中提道：「韃靼人飲馬乳，其色類白葡萄酒，而其味佳，其名曰忽迷思。」

至今，蒙古族人民依然沿襲著祖先製作酸馬奶和馬奶酒的簡樸工藝。

蒙古帝國建立後，農業和畜牧業有所發展，蒙古人的飲食結構也發生了變化。據《蒙韃備錄》記載：「……必米食而後飽，故乃掠米麥而於劄寨處，亦煮粥而食。彼國亦有一二處出黑黍米，彼亦解煮為粥。」除了粥外，這一時期蒙古人還食用炒米、奶油或優酪乳煮麵糊、粗糙的麵包等。

元蒙成立後，飲食文化空前豐富。元朝宮廷飲膳太醫忽思慧所撰《飲膳正要》一書，記錄了元蒙時期朝野的各種飲食，其中既包括駝羹、牛蹄筋、馬乳等菜餚，也介紹了湯、麵、粥、餅、饅頭等主食，以及各種具有食療或保健效果的食物，內容十分豐富。

茶也於此時為蒙古族所引進，成為蒙古人日常飲品。蒙古族傳統飲食文化於此時奠定了基礎。

游牧生產方式，以及抵禦草原高寒氣候的需求，使得蒙古族主要以肉食和奶品為主。農區主要種植玉米、黃米、小米、糜子米、小麥等，以糧食為主食。一日三餐，中餐不定時。蒙古族的飲食特點表現為以下幾點。

第一，先紅後白。蒙古族將食物區分為「白食」和「紅食」

兩種。白食即各種乳製品，主要是馬乳；紅食即各種肉製食品，以牛羊肉為主。蒙古族就餐時先吃紅食，後吃白食。

第二，烹調方法主要是烤和煮。蒙古族所食用的蔬菜種類很少，以馬鈴薯、白菜、口蘑、蕨萊為主，一般只是簡單炒製或煮。對於各種肉類，則多為烤製。

第三，每天離不開茶。除紅茶外，蒙古族人普遍飲用奶茶。除奶茶外，其他乳製品如奶食、奶油、奶糕等也都是蒙古族的日常食品。夏季他們還以優酪乳拌飯或清飲，以清暑解熱。

蒙古族人以白為尊，以乳象徵高貴吉祥，蒙古族人稱讚他人時常說其心地像乳汁一樣潔白。若有人不慎將奶汁弄灑了，就會立刻用手指蘸了抹在額上，口稱「啊唏，折福了」，而如果是掉了一點兒肉在地上，就不會很在乎了。

各種宴會上，蒙古族人都會用白食開路。主人端來一隻盛奶的銀碗，按照輩分或年齡，讓客人依次品嚐。客人無論年齡多大，都要跪接銀碗，這裡不是給主人跪，而是給乳汁下跪。

鐵板燒也是蒙古人的發明。傳說，一次成吉思汗打獵宿營野外時，見士兵用篝火烤肉，而肉被燻焦變黑。他於是取來一隻鐵盔，放到篝火上，用腰刀將獵物肉削成薄片，貼在鐵盔上，肉很快被烤得外焦裡嫩。「鐵板燒」這一烹調技法就這樣誕生了。成吉思汗西征時，鐵板燒傳到歐洲，後來又傳到東南亞和日本等國，由此風靡世界。

蒙古族人有「暖穿皮子，飽吃糜子」之說，所謂「糜子」就是炒米，炒米是用蒙古特產糜米製成的，俗稱蒙古米。蒙古人每日要喝兩頓茶，喝茶就離不開炒米。所以日常出牧、行獵，也都隨身帶著炒米。

炒米的做法較為複雜，先要將糜米淘淨，在開水中煮得破開米嘴後，撈起放在篩子裡晾乾。破開米嘴的糜子炒出的炒米發硬，經得起咀嚼，稱為「蒙古炒米」；如果不等破開米嘴就撈出，炒出後經不起咀嚼，被稱為「漢人炒米」。然後，將選好的砂子在鍋中燒紅，倒入晾乾的糜米，等到米粒爆起來，出鍋，分開砂子和炒米，就可以食用了。

炒米有多種吃法，可以用肉湯和肉丁煮炒米粥，也可用奶茶煮炒米粥，還有用肉湯沖泡炒米、用奶茶加鹽或糖沖泡炒米、外出時乾嚼等吃法。

手把肉，就是手抓羊肉。近代方志《蒙旗概觀》云：「食肉在半熟略熟之際，即刀割而食。蒙古人之通常之食量頗巨，每日飲茶十數碗，餐肉十數斤，飢甚頗有食全羊之事，然偶值三、五日不食，亦無關也。」這說的就是手把肉了。

手把肉的做法，是將整隻羊或部分羊肉放入鍋裡，用大火煮，不加任何調料，等到表面熟了即可撈起食用。吃時，一手抓羊肉，一手拿蒙古刀，割肉蘸調料吃。手把肉味道鮮美，不羶不膩，很受蒙古族人喜愛。

烤全羊是蒙古族宴請賓客時的大餐。據《元史》記載，十二世紀蒙古人就「掘地為坎以燎肉」了。烤全羊的製作方法是將整羊開膛去皮，在羊胸腔中放入鹽、蔥等佐料，封好後架於火上烘烤。

蒙古族人講究用杏木疙瘩燒火，其火旺而無煙。燒烤時要不時翻轉羊身，使其均勻受火，直到羊肉表面金紅油亮、外焦裡嫩為止。此外，也有土封後再烘烤的做法。

烤全羊做好後，食客圍繞著烤熟的全羊，割肉而食，不用任何作料，羊肉香醇味美。這可謂蒙古族最有特色的一道風味美食。

第二節　絲綢之路上的清真美味

中國的西北部地區也生活著多個少數民族。這裡的地形以高原、盆地為主，地廣人稀，氣候乾燥少雨，多風沙天氣。

在古代，西北地方是連揭中國和中亞乃至歐洲的通道，有「絲綢之路」的美稱。今天生活在這一區域的少數民族有回族、維吾爾族、哈薩克族、東鄉族、土族、錫伯族等。

食俗謹嚴的回族

回族是中國一個較為古老的民族，主要生活在西北地方，同時全國各地都有回民居住，是中國分布最廣的少數民族。回族與其他信仰伊斯蘭教的民族一起，創造和發展了中國的清真飲食文化。

回族一直堅持著嚴格的飲食習慣和禁忌，講求「飲食淨」，即食物的可食性、清潔性及節制性。

清代回族學者劉智在《天方典禮擇要解》中的提出：「飲食，所以養性情也」，「凡禽之食穀者，獸之食芻者，性皆良，可食。」

回族一般選擇貌不醜陋、性不貪婪懶惰、蹄分兩瓣、能反芻的食穀之禽、食草之獸為食，如牛、羊、駝、兔、鹿、獐、

雞、鴨、鵝、雁、雀、魚、蝦等。

有關回民飲食，元代《飲膳正要》的「聚珍異饌」中收入了馬思吉湯、八兒不湯、沙乞某兒湯、雜羹、禿禿麻食、乞馬、乞馬粥、撒速湯、河西肺、腦瓦剌、細乞思哥、撇列角兒、頗兒必湯；「諸般湯煎」中收入答必納餅兒；「米穀品」中收入河西米、葡萄酒、阿剌吉酒、速兒麻酒；「果品」中收入八簷仁、必思答；「菜品」中有芫荽等。

元末明初《居家必用事類全集》中記載了卷煎餅、糕糜、酸湯、禿禿麻食、八耳塔、哈耳尾、古剌赤、沒克兒正剌、海螺撕、即尼正牙、哈里撒、河西肺等十二種食品。

清真全席在清代名列宮廷大宴，是最具代表性的回族傳統食物。

回族飲食對漢族有一定的影響，如元朝時回族的禿禿麻食、舍而別，明代的哈爾尾、卷煎餅，清代的豌豆黃、塔斯蜜等。

人們一般將回族飲食稱為「清真菜」，其表現為如下的特點。

第一，以麵食為主。回族人精於製作麵食，諸如拉麵、饊子、餄餎、長麵、麻食、餛飩、油茶、餛饃等，都是其代表性食品。據統計，回族飲食中，麵食占所有飲食品種的百分之六十多。

第二，喜食甜食。這是阿拉伯世界普遍的飲食特點。回族名菜中，如它似蜜、炸羊尾、糖醋里脊等，都是甜味菜餚。此外，涼糕、切糕、八寶甜盤子、甜麻花、甜饊子、糍糕、江米糕、柿子餅、糊托等，也都是回族人愛吃的食品。

第三，喜愛吃牛羊肉。伊斯蘭教宣導食用牛羊雞鴨魚等肉，認為「駝、牛、羊具純性，補益誠多，可以供食」，而禁食豬、驢騾及凶禽猛獸之肉。

牛羊肉泡饃是西北人民鍾愛的食品。羊肉泡饃是在古代「羊羹」的基礎上發展起來的。製作時，先將牛羊肉加蔥、薑、花椒、八角、茴香、桂皮等佐料煮爛，湯汁備用。顧客將白麵烤餅掰碎成黃豆般大小放入碗內，由廚師新增熟肉、原湯，並配以蔥末、白菜絲、料酒、粉絲、鹽、味精等調料，單勺製作而成。牛羊肉泡饃的吃法有單走、乾拔、口湯、水圍城四種。

禿禿麻食是回族最古老的食品之一。元代忽思慧《飲膳正要》曰：「禿禿麻食，一作手撇麵。以麵作之。羊肉炒後，用好肉湯下，炒蔥，調和勻，下蒜醋香菜末。」明朝《居家必用事類全集》裡也有相關記載：「禿禿麻食，又名禿禿麼思，如回族食品，用水和麵，劑冷水浸，手搓成薄片，下鍋煮熟，撈出過汁，煎炒、酸水，任意食之。」

現在麻食的製作方法與古人相似。其做法是將和好的麵搓成約筷子粗的圓形條，再掐成小於蠶豆的麵劑，放在案板或新草帽糟上用拇指向前搓碾，形如耳朵，故俗稱「貓耳朵」。

然後，將肉類、豆腐、紅白蘿蔔切丁，配以黃豆、木耳、黃花、蔥花等炒好備用。水沸時將麻食下入鍋內，摻以炒好之菜，煮熟後，可拌調料食用。

粉湯也是回族人喜愛的食品，常用於古爾邦節和肉孜節待客。其製作方法是將純豆類澱粉做成粉塊，加以羊肉、肉湯、番茄、菠菜、紅辣椒、醋、胡椒粉和水發木耳等做成湯，即成粉湯。

粉湯以羊肉水餃粉湯最為美味。做羊肉水餃粉湯要先將羊肉水餃煮熟撈出，再將少量羊肉丁略炒後放入羊骨頭湯中。湯煮開後，倒入粉塊，並撒上香菜、韭菜、雞蛋餅、辣椒油，然後把調好的粉湯澆在水餃上即可食用。

無饢不歡的維吾爾族

維吾爾族是中國西北地方另一個古老的民族，主要生活在塔裡木盆地周圍和天山以北地區。維吾爾族以農業為主，種植棉花、小麥、玉米、水稻等農作物。

由於其特殊的生存環境、特定的民族發展歷程以及多元的民族宗教信仰，維吾爾族表現出鮮明的民族個性，創造了別具特色的飲食文化。

維吾爾族的祖先「丁零」是游牧民族，以肉食為主，「漸加粒食」，副食多是「稷、黍、麥、豆、麻」。回鶻西遷後，在高昌回鶻王國境內生產的農作物種類增多，但仍以肉食為主。

據陳城的《西域番志・別失八里》載：「飲食唯肉酪，間食米麥麵，稀有菜蔬。」但隨著農業的發展，維吾爾族逐漸以麵、粟為主食，並食用紅蘿蔔、洋蔥、韭菜、蔥、蔓菁、芹菜、黃瓜等蔬菜。維吾爾族將米與羊肉、紅蘿蔔、葡萄乾、洋蔥等混合燒燉，稱之為「樸勞」，它是當時維吾爾族很流行的食品。

維吾爾族傳統節日「納吾肉孜節」到來時，家家都會熬煮諾魯孜飯，它是用五穀顆粒與蔬菜熬煮而成的。這不僅是維吾爾族從農的象徵，也表現出農耕細作，來年五穀豐登的富饒之貌。

維吾爾族嚴格遵守伊斯蘭教飲食禁忌，禁食豬、驢、狗、騾、駱駝和自死的動物之肉，及一切動物之血。在飲食習慣上也有不少規矩，如不留剩食，不將已取的食物再放回盤中，不隨便到鍋灶前去等。

維吾爾族飲食，既是本民族人民生活勞動的結晶，也是多種文化交流的產物，表現出明顯的特徵和多樣性的統一。其飲食特色可以概括如下。

第一，主食以麵食為主。其中饢類食品有二十餘種，此外還有吃法多變的麵條食品。

第二，副食以牛羊肉和水果為主。宗教和地域的因素，使得維吾爾族喜食牛羊肉為主。同時，新疆地區獨特的自然條件

使得瓜果產量和品質都非常高，維吾爾族有食用瓜果、製作乾果的習慣，乾果產品多產而豐富。

第三，烹飪技術多樣。維吾爾族豐富的飲食依賴豐富的烹調方法，如烤、煮、燉、燜、煎、蒸、炒、炸、醃、燻等，都被廣泛使用。孜然是維吾爾族人最常用的調味品之一，不管在燒烤羊肉時，還是在烤包子、薄皮包子，甚至是在炒菜時，都不離此物。

此外，維吾爾族的烤饢也有著悠久的歷史。元代丘處機西行途經北庭時，當地回鶻官員即以「大餅」招待，這就是饢。在吐魯番阿斯塔那墓區發現的殘饢，將饢的歷史追溯到唐朝。十一世紀穆罕默德．喀什噶里（Muhammad Kashghari）在《突厥語大詞典》中提到的饢多達十八種。

饢是維吾爾族的一種代表性食物，當地人通常每天有一兩頓要吃饢。維吾爾族俗語云：「寧可三日無菜，不可一日無饢。」所以維吾爾族人對饢非常珍惜，視為聖物。

同樣，維吾爾族人將鹽也像對饢一樣崇敬。維吾爾族人發誓時會常說「以鹽為證」或「不信我願意踩踏饢」（意譯：對天發誓）等，人們一般忌諱借食鹽，認為如果將食鹽借出去，會影響家庭的興旺。

維吾爾族人的結婚儀式上，要安排一位姑娘捧出一碗泡著兩塊小饢的鹽水，站在新郎、新娘之間。新郎、新娘搶著用手

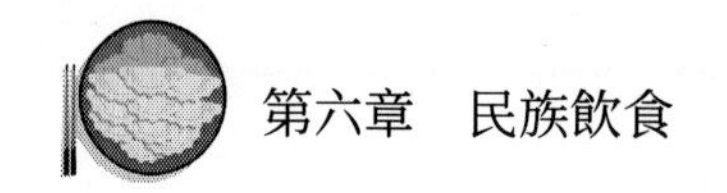

撈碗裡的饢，先撈到的表示最忠於愛情。

此外，主婚人還會向新郎、新娘賜鹽水一碗、饢一小塊。新郎、新娘將饢蘸著鹽水吃進去，表示將同甘共苦，共創美好生活。

抓飯是維吾爾族人最喜愛的傳統食品之一，維吾爾語稱「婆羅」，它是用稻米、羊肉、紅蘿蔔、洋蔥、食油等原料做成的飯。吃這種飯時，要用手抓著吃，故俗稱「抓飯」。

抓飯的種類很多，可以用牛肉、雞肉代替羊肉，也可以用葡萄乾、杏乾、雞蛋、南瓜等作輔料，做成口味不同的抓飯。抓飯味道鮮美、營養豐富，是維吾爾族人婚喪嫁娶、年節待客常用的美味佳餚。

銀絲擀麵是維吾爾族最具特色的日常麵食，維吾爾語稱「玉古勒」，即細麵的意思。維吾爾族經常用玉古勒來招待客人。做銀絲擀麵時，要用雞蛋、鹽和麵，擀成紙樣薄，均勻細切成銀絲，用羊肉湯或羊排骨湯下麵，有時還要同時下入羊肉丸子、番茄、香菜。銀絲擀麵細軟卻不斷不爛，味美且易於消化。

米腸子與麵肺子均以羊的內臟作為原料，有著獨特的風味。其製作方法是將羊肝、羊心和少量羊腸油切成小粒，加適量胡椒粉、孜然粉、精鹽與洗淨的稻米拌勻作餡，填入洗淨的羊腸內。將和好的麵用水洗出麵筋，攪成麵漿，加入油和鹽。然後取小肚套在肺氣管上，用線縫接，將麵漿灌入小肚，擠壓

入肺葉。再用同樣的方法，將以精鹽、清油、孜然粉、辣椒粉調好的水汁灌入肺葉。除去小肚，紮緊氣管。將米腸子、麵肺子、羊肚和加有少許辣椒粉的麵筋放入鍋中水煮。為防止腸壁脹破，半熟時還須在腸子扎眼放氣。

馬奶醉人的哈薩克族

中國的哈薩克族主要分布於新疆伊犁哈薩克自治州、巴里坤哈薩克自治縣和木壘哈薩克自治縣，還有少數聚居在青海、甘肅等省內。

哈薩克也是一個古老的民族，其歷史可追溯到西漢的「烏孫」，它是由中國古代西北部許多部族逐步融合而成的。「哈薩克」這一族稱最早見於十五世紀中葉，他們是「絲綢之路」的開發者和經營者之一。

歷史上，絕大多數哈薩克族人過著逐水草而居的游牧生活，其飲食依賴畜牧業，形成了以肉、奶、茶、麵等為主的飲食習慣。

哈薩克人傳統上以肉食、奶食品為主，基本上不吃蔬菜，愛喝奶茶。這種生活一直延續到今。

哈薩克人的肉食主要是羊肉、牛肉和馬肉，以羊肉為多。最主要的吃法是手抓羊肉，就是將大塊羊肉用清水煮熟後，拌以洋蔥食用。

每年的十一月和十二月，哈薩克人將牛、羊、馬宰殺後，將其用松柴煙燻乾儲存，其中燻馬腸味道尤其香美。

哈薩克人稱烤肉為「哈克塔汗葉特」，喜歡將獵物的碎肉裝進動物的肚子裡，烤熟食用。

哈薩克人認為「奶子是哈薩克的糧食」，他們將羊奶、牛奶、馬奶、駱駝奶釀成奶子，鮮奶子、優酪乳子、奶皮子、奶豆腐、奶疙瘩、酥油、酥酪、奶糕、馬奶酒等都是有名的乳製品。其中馬奶子酒最為哈薩克人所鍾愛。

哈薩克族宰羊待客時，不能選取黑色的羊。宰羊之前要先將羊牽到客人休息的地方，將羊頭拉進門內，伸出雙手請求客人說：「請允許吧！」客人同意後才能把羊牽出去宰殺，並在露天搭灶煮肉。然後，鋪設餐巾，擺上包爾沙克（油果）、奶疙瘩、奶豆腐、酥油等，主客圍著餐巾席地而坐，主婦蹲在壺具旁調配奶茶。

喝完奶茶，換飲馬奶酒。主人邀請客人唱歌、跳舞或講故事。然後，才用大盤端上煮熟的羊肉，並將羊頭送到貴客面前。

客人用小刀先割下一塊肋幫肉，敬給在座的長者，再割一隻羊耳朵給主人的小孩，接著自己割食一片，然後將羊頭還給主人，以此表示對主人的謝意。這時，大家才可以一起手抓羊肉食用。

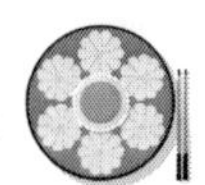

馬奶子是用馬奶發酵釀製而成的。製作方法是將剛擠出的馬奶裝在牛皮桶裡，加入陳奶酒麴，然後將桶放置在一定的溫度下使其發酵，每天以木杵攪動數次，幾天後就製成了略帶鹹酸和酒香的馬奶子。

那仁，也叫手抓肉或手抓肉麵。哈薩克族人將煮熟的肉切成塊，再在肉湯裡下一些薄麵片，煮熟之後撈出，放在大盤子裡，再把切好的熟肉置於麵片上，澆上用鮮肉湯浸過的皮芽子汁，拌好後即可食用。

第三節　獨特而多樣的西南飲食

中國西南少數民族地區，包括川、滇、黔、青、渝、藏四省一市一區，橫跨青藏高原、雲貴高原和四川盆地。地形地貌複雜，高山、深谷、丘陵、平原交錯，自然風光或壯闊，或優美，或險絕。

在這個區域內生活著藏族、苗族、壯族、侗族、彝族、羌族等少數民族。他們憑藉豐富的自然環境和生物的多樣性，以農、牧、漁、獵、採集為生，維持著多元共生的文化生態，並形成了極為豐富的民族飲食傳統。

西南地區的飲食特點是，嗜辣喜酸，菜餚味多、味廣、味厚、味濃。

酥油飄香的藏族

藏族是中國的古老民族之一，分布在西藏、青海、甘肅、四川、雲南等省區。

藏族地區主產青稞，並以此製成糌粑作為主食，畜牧業也很發達，乳製品有酥油、優酪乳、奶渣等。

藏族的飲食文化具有悠久的歷史。早在西元一世紀前後，西藏就已經開始將農田和牧地合併，種植青稞，放牧牛羊，製

作糌粑和酥油。

西元六世紀，吐蕃開始與中原內地、中亞各國通商，尤其是文成公主入藏後，藏族引進了大量烹調原料和技法，食材涉及糧食、畜乳、蔬菜、瓜果等門類。及至清光緒年間，內地飲食文化再次大規模地傳入西藏。當時藏族人稱「滿漢全席」為「嘉賽柳覺傑」，意思是漢食十八道。拉薩、江孜、日喀則等地市場上的蔬菜、瓜果、廚具開始多了起來，西藏的飲食文化進入了新的發展階段。

藏族生活在高寒地帶，為了抵禦寒冷，普遍食用高脂肪、高熱量的食物。藏族農牧民的主食是糌粑，此外還有乳酪、奶油、優酪乳等乳製品，以及酥油茶和乾肉，一般不吃蔬菜。

藏人在食肉方面有不少禁忌，一般只吃牛羊肉，而不吃馬、驢、狗、騾肉，有的人連雞肉、豬肉、雞蛋也不食用。絕對禁止食用魚、蝦、蛇、鱔以及海鮮類食品。

藏人吃肉有生吃、風乾吃及煎、炒、烹、煮幾種吃法。由於氣候乾燥，肉風乾後可以經年儲存，所以，吃乾肉至今在當地仍然盛行。藏餐普遍較為清淡、溫和，做菜大多只用鹽巴和蔥蒜作輔料，很少新增辛辣的調料。

藏人喝青稞酒時講究「三口一杯」，即先喝一口後斟滿，再喝一口後又斟滿，喝了第三口後再斟滿，這才飲盡。

酒宴上，男女主人要唱著酒歌敬酒，重要的宴會還要請專門敬酒的女郎，藏語稱為「沖雄瑪」，她們身著華貴的服飾，唱著酒歌，輪番勸酒，直至客人醉倒為止。

酥油茶是極具藏族特色的風味飲品。其製作方法是將新鮮的牛奶煮沸，等到因水分蒸發而生出小氣泡時，改為用微火，約一個小時後，液體的表面出現一層金黃色薄膜，這就是奶油。將奶油撈出後倒入酥油桶內，快速攪拌一段時間後就會有奶油凝固，將凝固的奶油用清水沖洗乾淨，冷卻後即為酥油。

喝茶時，將燒開的茶倒入桶內，放入大塊酥油，用棒子攪拌，直至油茶完全混合，然後再倒進鍋裡加熱，香味撲鼻的酥油茶便製成了。

酥油糌粑是藏人的主食。做法將洗淨晾乾的青稞、豌豆和燕麥炒熟，一併磨成粉狀，這就是糌粑麵。食用時，先在碗裡放上一些酥油，然後沖入滾燙的茶水。

喝時用嘴將酥油吹到碗邊，只慢慢啜飲茶水，等喝完一半時，將糌粑麵倒入，並放入曲拉、糖，用手指在碗內拌勻，並捏成塊狀後食用。酥油糌粑味道香美，且有潤肺功效，藏人百吃不厭。

喜食酸辣的苗族

苗族是中國古老民族之一，其歷史可以追溯到五千年前。苗族現主要聚居在貴州省東南部、廣西大苗山、海南島及貴州、湖南、湖北、四川、雲南、廣西等省區的交界地帶，地理位置較為偏遠，但氣候溫和。

苗族主要靠種植業為生，以稻米為主食，飲食習慣近於漢人。貴州黔東南的苗族人在清代時種耐寒的糯穀，全年多吃糯米飯。

清代《黔南識略》載：「鎮遠府，黑苗，族大寨廣，勤耕作，種糯穀。」、「苗人唯食糯米。」

清代田雯《黔書》載，苗人「凡漁獵所獲，鹹糜於一器，名曰『菜』，珍為異味，愈久愈貴，問其富，則曰藏幾世矣。」這是說，苗人以儲存食物年頭多少論貧富。苗人的蔬菜也多採取醃製的方法儲存，並形成了酸食的傳統。

苗族普遍採用醃製法儲存食物，雞、鴨、魚、肉、蔬菜都喜歡醃成酸味的，另稱醃製食品的罈子為酸罈。

苗族做菜喜歡放酸湯，做成酸味菜餚。酸湯是用米湯或豆腐水，放入瓦罐中發酵而成。除了酸味外，苗人也喜辣，並以辣椒為主要調味品。

苗族肉食多來自產家畜、家禽，四川、雲南等地的苗族喜吃狗肉，有「苗族的狗，彝族的酒」之說。蔬菜主要是豆類、瓜類和青菜、蘿蔔等，豆製品也頗常見。

苗族人喜愛飲酒，釀酒歷史悠久，工藝精湛。《黔南識略》載，乾隆年間，黔東苗族就常「吹笙置酒以為樂」。日常飲料則

以油茶最為普遍。

苗族好客，常殺雞宰鴨招待客人，並習慣請客人飲牛角酒。吃雞時，雞頭要敬給年紀最長的客人，雞腿則給年紀最小的客人。有的地方還要分雞心，由年紀最長的主人把雞心夾給客人，再由客人把雞心平分給在座的老人。客人若不能喝酒，可以事先明言，主人亦不會勉強。

苗族人喜食竹板烤魚。相傳有位苗族人勞作休息時，捉了幾條魚打算做午餐，可是在山林裡無鍋煮魚。於是他將竹子劈開，將魚放在劈開的竹板上用火烤製。後來發現，這種做法不僅保留了魚的鮮美，而且新增了竹子特有的清香，由此發明了竹板烤魚。苗族人上山勞作時，時常會抓魚做竹板魚。

稻香白切雞是苗菜中的上品，一般用於招待貴客。製作時，需選用嫩公雞（雞太老則不能與米一起熟），宰殺乾淨後，整隻放入砂鍋內，加入乾辣椒、大蒜及生薑，等水燒開後，撇去湯上的浮沫，倒入稻米，用小火烹煮。至粥稠雞熟後，把雞撈出，剁塊裝碗，另用糊辣椒搗碎後加醋製成汁，灑在其上，即可食用。

五彩糯食的壯族

壯族一直居住在嶺南地區及周邊地域，地處亞熱帶季風溼潤氣候區，終年溼潤多雨，宜生百穀瓜果。

壯族自古以稻作為生，作物栽培非常豐富，食物多樣化特點明顯，形成了悠久的飲食文化。

廣西是野生稻的原產地之一，所以壯族是較早種植水稻的民族。明清之際，主食中又增加了玉米、番薯、麥類等。

壯族的稻米分為粳稻和糯稻，前者多做成飯、粥和米粉，在日常食用；後者則做成五色飯、糍粑、粽子、米糕、湯圓等，供節日食用。

壯族的副食分為肉和蔬菜兩大類。古書多載越人食蛇、鼠、蟲豸，民國《同正縣志》云壯人：「肉，則以豬、雞、魚、鴨為主，鵝、羊次之。近二十年來乃多興食牛及犬、貓等肉。若會客，酒席又以海味為上。」

壯人所吃的蔬菜與漢人相近，明嘉靖《欽州志》記載蔬菜二十五種，民國《邕寧縣志》記載蔬菜八十八種，其中有野菜十四種。

宋代文獻就有壯人醃製酸菜的記錄，《同正縣志》還記載了壯人製作酸肉的方法。壯族以稻米、玉米為主食，輔以番薯、木薯、豆類等雜糧。壯族的飲食表現為以下幾個特點。

第一，喜醃食和酸辣味。壯族常見的醃製食品有白菜、芥菜、蘿蔔、豇豆、番木瓜、辣椒、薑、筍等，此外肉類和魚蝦等也被醃製食用。愛吃酸辣是西南少數民族的普遍特徵，壯族也不例外，一方面是所居潮溼，酸辣可以驅寒，另一方面則是

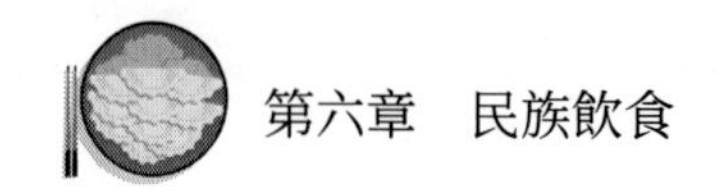

多吃糯米不易消化，酸辣可刺激消化吸收。

第二，愛吃糯米類食物。壯族主要用糯米製成節日食品，如五色飯、粽子、糍粑、湯圓等。此外，還用糯米釀酒，入甜酒就是將酒麴撒在蒸熟的糯米上發酵而成，食時加水煮開。

第三，喜好生食。壯族生食的歷史十分悠久，唐代《朝野僉載》記載了壯人生吃用蜜飼養的小老鼠。生血和生魚片是壯族最有名的食品。壯人很早就認為常吃豬、羊、雞、鴨等動物的血能增血補氣，而生魚片由於其味美而成為待客的佳餚。

第四，酒是壯族人喜歡的飲品，他們多喝低度的燒酒和甜酒，其飲酒的歷史可以上溯到春秋戰國以前。

「鼻飲」是壯族先民的一種特殊的飲食方式，即用鼻子吸食食物。《漢書．賈捐之傳》中有「駱越之人，父子同川而浴，相習以鼻飲，與禽獸無異，本不足郡縣置也」的記載，說明漢朝時壯族先民已有鼻飲了。

宋代范成大的《桂海虞衡志》中記曰：「南人習鼻飲，有陶器如杯碗，旁植一小管若瓶嘴，以鼻就管吸酒漿。暑月以飲水，雲水自鼻入咽，快不可言。」說的就是以鼻飲為酒。

其實，鼻飲的食物不止於酒，但必須為流質，如「不乃羹」。唐代劉恂《嶺表錄異》云：

「交趾之人，重不乃羹。羹以羊鹿雞豬肉和骨同一釜煮之，令極肥濃，漉去肉，進之蔥薑……置之盤中。

羹中有嘴，銀杓，可受一升。即揖讓，多自主人先舉，即滿斟一杓，內嘴入鼻，仰首徐傾之。飲盡，傳杓如酒巡行之。」

「不乃羹」是一種大補湯，壯人認為它可助人恢復元氣、增補精神。壯族先民採用鼻飲的方式進食，可能是認為有利於人體的吸收和消化，也可能是認為食物難得，用鼻飲的方式更顯得珍貴。

白斬雞是壯族的傳統佳餚，多用以節日待客。其做法是將還未下過蛋的雌雞宰殺，取出內臟，在雞的腹腔內抹鹽，放一團薑，在水中煮至九成熟撈起，切成肉塊，蘸以薑、蒜、蔥、香菜、淡醬油、鹽、醋等調成的佐料，即可食用。白斬雞鮮美嫩脆，在很多地方都很流行。

五色飯，又稱花色飯、花糯米飯、五彩糯米飯，是最具特色的壯族食品之一，一般只在節日、結婚或小孩滿月時才會食用。五色飯的做法是，將紅蘭草、黃花、紫番藤、楓葉的根莖或花葉搗爛，分別取汁浸泡糯米（留一份米不泡色），然後將浸泡過的糯米蒸成紅、黃、黑、紫、白五種顏色的飯，再依不同顏色捏成飯糰食用。壯族民間認為其具有防病除邪之功。

第四節　寶島上的漁獵和珍饈

嗜酒逐鹿的高山族

「高山族」是對臺灣地區少數民族的總稱。高山族包括阿美、泰雅、布農、魯凱等十多個族群，他們主要居住在臺灣島的山地和東部沿海的縱谷平原以及蘭嶼上，也有少數散居在大陸福建、浙江等沿海地區。

早期文獻稱臺灣原住居民為「番」，漢人移居臺灣後，原住居民一部分住在平原，與漢族融合，成為「平埔番」(或「熟番」)，另一部分仍定居山裡，依據漢化程度及居住地點的不同，又被稱為「高山番」或「生番」。

十七世紀，漢人大批移居臺灣以前，高山族還處在原始社會階段，主食以穀類和根莖類食物為主，如小米、番薯等，以禽、獸、魚肉及野菜為副食，食皆用手，有生食的習慣。《淡水廳志》卷十五云其：「摶飯食之不用箸，魚蟹蠣蛤生食之。」

漢人大規模移居後，他們開始種植稻、麥、黍、稷、芝麻、豆類等，稻米漸漸成為主食，進食時改用筷子，烹調方法也開始多樣化，蒸、煮、烤、焙、醃、燻等都已出現。

高山族人普遍喜愛抽菸飲酒，《裨海紀遊》中提道：「男女藉草劇飲歌舞，晝夜不輟，不盡不止。」

卑南人、阿美人、雅美人、排灣人及平埔人還嗜食檳榔，即「細嚼雞檳慣代茶」。除雅美人和布農人外，高山族普遍以穀類和薯類為主食，通常是用稻米煮飯，用糯米、玉米麵蒸成糕與糍粑，以雜糧、野菜、獵物為副食。雅美人以芋頭、小米和魚為主食，布農人以小米、玉米和薯類為主食。

高山族男女皆嗜酒，一般用酒、米和薯類釀酒。據清代史書記載，高山族人釀酒成熟時，便各自從家中攜至村社裡，男女群坐地上，用木瓢或椰碗喝酒，邊喝邊舞，長達三晚，毫無醉意。

高山族的蔬菜主要是南瓜、竹筍、韭菜、薑等，高山族人都愛吃薑，或用蘸鹽直接食用，或加鹽和辣椒一起醃製。高山族所吃的水果則以香蕉、龍眼、柑橘、桃、棗、柿子、木瓜等為主。

高山族常見的烹飪方法有炊煮、燒烤、蒸餾三種，以煮食為最多，除了主食外，也常煮食魚肉。節日或祭祀儀式上，他們會用蒸法將糯米、黏小米製成米糕。烘烤也是常見的烹製食物的方法，尤其是在獵殺到鹿時，通常會就地殺掉燒烤。

高山族人還收集鳥蛋烤熟，當作外出時的乾糧。吃不完的魚也要烤熟後貯存。阿美人捕獲獸或魚後，就將其插在竹竿上，或懸掛在竹架上，用柴火燒烤，直到滴出油來，就停火食用。其香味瀰漫，肉質脆軟，過程也極有情趣。

臺灣南部的各族群都愛吃檳榔，長期吃檳榔汁牙齒可能會被染黑，阿美人、卑南人、平埔人索性將滿口牙齒全部染黑，形成了「涅齒」的習俗。他們一生一般要進行兩次「涅齒」，一次是在七八歲的時候，第二次是在十五六歲。後一次是因為乳牙全部換完，需重新「涅齒」。

蘭嶼是孤懸在太平洋上的大小兩座島嶼，原始居民為雅美人。雅美人吃魚要分男女，女人吃紅黑花紋或白色的魚，他們認為這些都是最好的魚；男人吃灰綠色魚，這些是次等魚，而老人吃黑色的魚，是最差的魚。這種對女人的尊重，主要因為他們認為女人要耕種莊稼、養育兒女，最為辛苦，所以要吃最好的。

高山族的烤鹿肉和酸鹿肉非常著名。烤鹿肉是將新鮮鹿肉切成小塊，用竹條串好，撒上鹽、生薑等調料，然後用木炭燒烤，味道香濃撲鼻。酸鹿肉的做法是將鹿肉塊與涼米飯拌在一起，加鹽後密封於壇中，一個月左右發酵成熟後，即可食用，口感酸而清爽。

飯糰也是高山族人鍾愛的食物。其做法是用無毒的樹葉包裹糯米或糯粟，捏成飯糰，便於外出攜帶食用。後來，不同地區的族人又逐漸在飯糰中加入花生、豆類、芋頭、野味等餡料，形成了不同的口味。

四神湯源於臺灣東部。「四神」實際是閩南語「四臣子」的諧音，指淮山、蓮子、茯苓、芡實四種中藥材，它們就是四神湯的主要材料。

四神湯的做法是將豬小腸洗淨，翻出內壁向外，洗淨去除油脂，再用麵粉反覆搓揉去除黏液。再次沖洗乾淨後，放入沸水中汆煮去腥，隨後撈出沖洗掉雜沫。然後重新燒沸一鍋清水，將豬小腸放入沸水中煮十分鐘，然後熄火加蓋燜十五分鐘，取出放涼，剪下成斜段。接著，將淮山、蓮子、茯苓和芡實洗淨後，放入清水燒沸，再將豬小腸段加入，繼續用小火燒煮三十分鐘，最後加鹽和米酒後即可食用。

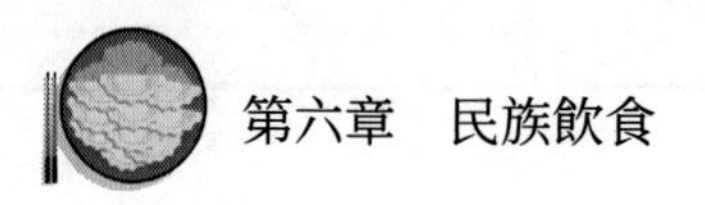

第七章　八大菜系

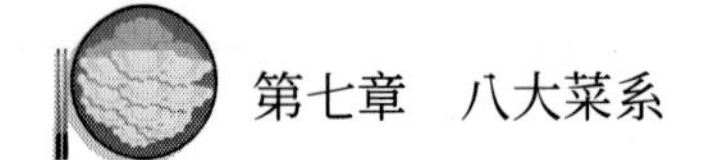

第一節　蔥爆糟溜魯菜一絕

中國的飲食文化源遠流長，由於受經濟、政治、文化等因素的影響，以及地域、氣候、歷史、資源、飲食習慣等方面的差異，逐步形成了具有地方特點和相應烹飪技藝的飲食體系，且在長期的歷史中為各地所公認，這就是菜系的由來。

中國「南甜北鹹」的風味源自春秋，唐宋時期已完全形成，延至清代初期，魯、蘇、粵、川菜形成最為影響力的四大菜系，至清末又加入浙、閩、湘、徽等地方菜，於是有了「八大菜系」之說。

以後菜系雖不斷發展，但仍沿用「八大菜系」作為代表。「八大菜系」的烹調技藝別具風韻，其菜餚特色也各有千秋。

魯菜為八大菜系之首，又稱山東菜，是黃河流域烹飪文化的代表。它集山東各地烹調技藝之長，兼收各方風味特點而又發展昇華，經過長期演化而成，歷史悠久，影響廣泛。

齊魯大地，物產豐富，水陸雜陳，為烹飪文化的發展和山東菜系的形成提供了良好的條件。

早在春秋戰國時期，齊桓公的寵臣易牙就曾是「善和五味」的名廚。南北朝時高陽太守賈思勰在其著作《齊名要術》中，對黃河中下游地區的烹飪技術做了較為系統的總結，其中記錄的眾多名菜的做法，反映了當時魯菜發展的高超技藝。

魯菜在宋代已初具規模，被稱為「北食」。據《孔府檔案》記載，魯菜在明清兩代已經形成菜系。至清末民初，魯菜在京城已經相當火紅了。

魯菜分為許多支系，其中較大的三個支系，一是膠東菜，也稱福山菜；二是濟南菜，也稱魯中菜；三是濟寧菜，主要指孔府菜。

魯菜對於華北、東北、京津地區的影響頗深，京菜、東北菜都或多或少地吸取融合了魯菜的一些特色，所以魯菜可謂其他菜系之開端。

烤鴨是最具代表性的魯菜菜品，後來被發揚光大，成為京菜的代表乃至中華美食的招牌菜之一。

魯菜素以用料廣泛、製作精細、善於調味、工於火候而著稱，更以香、鮮、脆、嫩、醇、軟而為世人所推崇。魯菜的烹調方法全面，尤以爆、塌、炒、炸、溜、扒等見長。

塌是魯菜獨有的一種烹調方法，做法是將主料用調料醃漬入味，夾入餡心煨口，然後兩面拍粉並沾上蛋糊，再用油塌煎至金黃色，放入調料和清湯，最後以慢火收汁。鍋塌豆腐、鍋塌魚片等都是魯菜中以塌法製成的傳統名菜。

魯菜還精於製湯，以湯為百鮮之源，講究「清湯」、「奶湯」的調製，清濁分明，取其清鮮。《齊民要術》中就有關於製作清湯的記載，將其作為味精產生之前的提鮮佐料。經過長期實踐，現在清湯的製法已演變為用肥雞、肥鴨、豬腳為主料，經沸煮、微煮等方式，使湯清澈見底，味道鮮美。與清湯不同，奶湯則呈為乳白色。

在菜餚調味上，魯菜的一大特點是以蔥佐味。其或以蔥絲或蔥末爆鍋，如爆、炒、燒、餾以及烹調湯汁等；或藉助蔥香提味，如蒸、扒、炸、烤等；還有的直接用蔥段作為佐料，如烤鴨、烤乳豬、鍋燒肘子、炸脂蓋等菜品。

無論是菜品的製作，還是上菜的方式，以及飲食現象的豐富性，魯菜都充分展現著大魚大肉、大盤大碗的民俗特點，請客宴會也以豐富實惠而著稱。

魯菜的代表菜品有蔥燒海參、糟溜魚片、糖醋鯉魚、德州扒雞、清湯燕菜等，皆是清香鮮美、酥脆質嫩的菜中名品。

魯菜在明代進入宮廷，其中還有一段歷史故事，主角是山東福山的一位兵部尚書，名叫郭宗皐。

因為明代建都在南京，而郭宗皐是北方人，不習南食，所以從老家帶了兩位廚師作為自己的家廚。隆慶年間，有一年皇帝為愛妃做壽，下詔書召集名廚高手前來辦御宴。

壽誕之期將至，宮廷中仍然沒有選出中意的御廚，為解燃眉之急，郭宗皐便把這兩位家廚薦給皇帝。

壽宴當日，滿席菜品贏得了文武百官的連連稱道，皇帝、皇妃尤其對「蔥燒海參」和「糟溜魚片」兩道讚不絕口，當即命

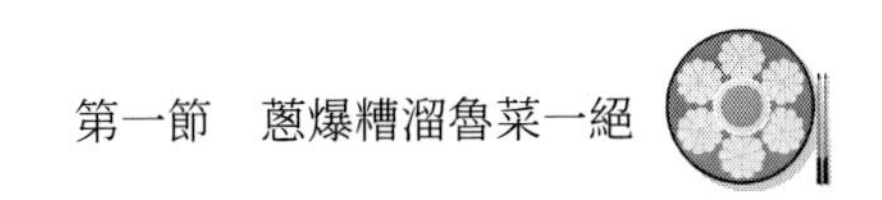

廚師再做一盤，吃了之後仍念念不忘。

壽宴之後，皇帝嘉獎了郭宗皐，並重賞了廚師，遂提出讓郭家這兩位廚師進宮給自己做菜的要求，郭宗皐欣然同意。從此，山東廚師便成了宮廷御廚。

第二節　七滋八味麻辣川菜

川菜以成都和重慶兩地的菜餚為代表，作為中國八大菜系之一，在中國飲食文化中占有重要地位，具有廣泛的影響和聲望。

川菜取材廣泛，調味多變，善用麻辣，以別具一格的烹調方法和濃郁的地方風味而享譽四方。

川菜的菜品博採眾家之長，繼承並發揚了「尚滋味」的歷史傳統，以「一菜一格，百菜百味」而著稱。

川菜的發源地是古代的巴國和蜀國。據東晉常璩的《華陽國志》記載，巴國「土植五穀，牲具六畜」，蜀國則「山林澤魚，園囿瓜果，四代節熟，靡不有焉」。當時巴國和蜀國的調味品已有鹵水、巖鹽、川椒、「陽樸之薑」等。

川菜的形成大致在秦朝到三國之間。無論烹飪原料的取材，還是調味品的使用，以及刀工、火候的要求以及烹飪技法，在那時均已初具規模，並有了菜系的雛形。隋唐五代時，川菜有了較大的發展。兩宋時期，川菜已跨越巴蜀舊疆。到了晚清，川菜逐步形成了清鮮醇濃並重，而又善用麻辣調味的獨特菜系風格。

在烹製方法上，川菜擅長炒、滑、溜、爆、煸、炸、煮、煨等，特別是小煎、小炒、乾煸和乾燒，都有其獨到之處。從高級筵席的「三蒸九扣」到民間小吃、家常風味等，做工精細，菜品繁多。

川菜的「炒」法與其他菜系不同，很多菜式都採用「小炒」的方法，特點是時間短、火候急、汁水少、口味鮮嫩。

在調味上，川菜的滋味有濃厚的鄉土氣息，以麻、辣、怪三味著稱，素有「七滋八味」之說，即酸、甜、麻、辣、苦、香、鹹七種基本味型，和以此為基礎而調配變化出的乾燒、麻辣、酸辣、魚香、乾煸、怪味、椒麻、紅油等八種複合味型。

川菜所用的調味品複雜多樣，其中的特色名品有「三椒」的花椒、胡椒、辣椒，「三香」的蔥、薑、蒜，還有醋和郫縣豆瓣醬等。其中，對郫縣豆瓣醬的使用最為頻繁，尤其是烹飪代表川菜特色的「魚香」、「怪味」等菜品時更是不離此物。

川菜的烹飪講究用味的主次、濃淡、多寡的調配變化，同時配合選料和技法的得當，即可做出色、香、味、形皆為上乘的川菜佳餚。

川菜的代表名品有宮保雞丁、魚香肉絲、乾燒魚、回鍋肉、東坡肘子、麻婆豆腐、夫妻肺片、樟茶鴨子、乾煸牛肉絲、怪味雞塊、燈影牛肉、糖醋排骨、水煮牛肉、鍋巴肉片、鹹燒白、雞米芽菜、糖醋里脊、辣子雞、香辣蝦、麻辣兔頭等。

根據地域的不同，川菜又有上河幫、下河幫和小河幫三個派系之分。

上河幫也稱蓉派，以成都菜和樂山菜為主，其特點是講求用料精準，嚴格遵循傳統經典菜譜，通常由典故而來。川菜名品有麻婆豆腐、回鍋肉、宮保雞丁、鹽燒白、粉蒸肉、夫妻肺片、螞蟻上樹、燈影牛肉、蒜泥白肉、樟茶鴨子、白油豆腐、魚香肉絲、泉水豆花、鹽煎肉、乾煸鱔片、東坡墨魚、清蒸江團等。

下河幫又稱渝派，以重慶菜和達州菜為主，俗稱江湖菜。其特點是大方粗獷、花樣新穎，不拘泥於材料，菜餚大多起源於路邊小店，並逐漸在市民中流傳。

下河幫的代表名品有酸菜魚、毛血旺、口水雞，以及水煮肉片和水煮魚為代表的水煮系列，辣子雞、辣子田螺和辣子肥腸為代表的辣子系列，泉水雞、燒雞公、芋兒雞和啤酒鴨為代表的乾燒系列，泡椒雞雜、泡椒魷魚和泡椒兔為代表的泡椒系列，乾鍋排骨和香辣蝦為代表的乾鍋系列和乾菜燉燒系列等。

小河幫又稱鹽幫菜，主要是自貢和內江西兩地的菜品，分為鹽商菜、鹽工菜、會館菜三大支系，取麻辣味、辛辣味、甜酸味為三大味型。其特點是麻辣厚味、料精油重、擅用椒薑、祕製傳奇。鹽幫菜的代表菜品有火邊子牛肉、水煮牛肉、乾煸鱔魚、仔薑田雞、跳水兔、冷吃兔等。

關於作為川菜代表之魚香味的由來，還流傳著一個民間故事。

很久以前，四川有一戶生意人家，全家人都喜歡吃魚，對調味也很講究，在燒魚的時候為了去掉腥味，每每都要放入蔥、薑、蒜、酒、醋、醬油等調料增味。

有一天妻子在炒另一個菜的時候，為了節省調料，便把上次燒魚時用剩的配料放入菜中炒和。此時恰好她丈夫做完生意回到家中，飢腸轆轆之際便將這道菜吃完了，吃後讚不絕口，妻子便將烹製的經過說與丈夫知曉，這道菜是用燒魚的配料來炒和其他菜餚，所以取名為魚香炒。

後來經過若干年的改進，這道菜被列入了川菜譜系，並有魚香肉絲、魚香豬肝、魚香茄子等系列名品。

川菜中還有一道「麻婆豆腐」，以豆腐為主料製作而成，其名字的來歷也很有意思。

據說在清朝同治年間，成都郊區有個叫做萬福橋的貿易集市，十分熱鬧。有個叫陳盛德的人，與妻子在這裡以賣便飯和茶水為生，因為他的妻子臉上有星點麻子，人們便稱其為「麻婆」。麻婆烹飪手藝高超，做的豆腐更是遠近聞名。

後來，她在市集附近專門開了家豆腐店，有不少挑油工路經此地都在她店裡用餐。時間久了，陳麻婆就用挑油工油簍中的剩油炒製牛肉末，與豆腐一起入鍋，並加入豆豉茸、豆瓣醬、乾辣椒麵和花椒麵調味，做成一道味道鮮香麻辣的豆腐菜餚，廣受歡迎，遂被稱為「麻婆豆腐」。

到了光緒年間，《成都通覽》將陳麻婆的豆腐店定為名店，並將麻婆豆腐定為名菜。

第三節　水陸雜陳粵菜品鮮

粵菜是廣東地方的風味菜，主要由廣州菜、潮州菜和東江菜三種地方菜組成，以廣州風味為代表。

粵菜發源於嶺南，形成於秦漢時期。南宋以後，粵菜的技藝和特點日趨成熟。明清時期，隨著廣州商業大都市的發展，粵菜真正成為體系。

粵菜以本地的飲食文化為基礎，吸收了京、魯、蘇、川等菜系的精華，借鑑了西餐的烹飪技術。如粵菜中的泡、扒等烹飪技法就是從北方的爆、扒中移植並加以發展而成的，而煎、炸等法又是從西餐中借鑑而來，從而逐漸形成了獨特的南國風味。

粵菜取料極為廣博龐雜，各地菜系所用的禽畜水產等食材無不涉及，而又尤以烹製蛇、貍、猴、鼠、貓、狗、穿山甲等野味而聞名。對此，宋人周去非的《嶺外代答》有記載曰：

「深廣及溪峒人，不問鳥獸蛇蟲，無不食之。其間野味，有好有醜。山有鱉名蟄，竹有鼠名猷。鴿鸛之足，獵而煮之；鱘魚之脣，活而臠之，謂之魚魂，此其珍也。

至與遇蛇必捕，不問長短，遇鼠必捉，不問大小。蝙蝠之可惡，蛤蚧之可畏，蝗蟲之微生，悉取而燎食之；蜂房之毒，麻蟲之穢，悉炒而食之；蝗蟲之卵，天蝦之翼，悉炒而食之。」

粵菜的烹調方法眾多，講究鮮嫩爽滑，其中以炒、煎、焗、燜、炸、煲、燉、扣等見長，尤擅小炒。

拉油炒是粵菜烹製中最為常用的小炒技法。其特點是使肉類在較短時間裡加熱至熟，操作時需求根據肉質的不同特點和受熱程度等差異，相應提高或降低油溫以進行拉油，從而極大限度地維持肉品的鮮嫩色澤和真醇滑膩的質感。

粵菜烹飪多保留食物的原汁原味，夏秋清淡，冬春濃郁。在調味上有所謂香、鬆、軟、肥、濃的「五滋」和酸、甜、苦、鹹、辣、鮮的「六味」之說。

粵菜名品有龍虎鬥、紅燒果子狸、東江鹽焗雞、白雲豬手、烤乳豬、鼎湖上素、火焰醉蝦、脆皮乳鴿、狗肉煲，白斬雞、冬瓜盅、護國菜等。此外，粵菜中的點心和粥品也頗為豐富。

廣州菜是粵菜的代表，包括了珠江三角洲、肇慶、韶關和湛江等地的風味名食。其特點是用量精細、配料多巧、裝飾美豔、注重質味，代表菜品有龍虎鬥、白灼蝦、烤乳豬、香芋扣肉、黃埔炒蛋等。

潮州菜由於地理位置接近閩、粵，菜品也融會了兩省特點，以烹調海鮮見長，講究刀工，滋味偏於香濃甜鮮，喜用魚露、沙茶醬、梅羔醬、薑酒等調味品。其中，代表菜品有燒雁鵝、豆醬雞、護國菜、什錦烏石參、蔥薑炒蟹、乾炸蝦棗等。

東江菜又稱客家菜，因客家人原是漢末和北宋後期南遷東江的中原人，因此客家食俗中尚保有部分中原風貌。東江菜的食材多用肉類而較少水產，調味重油偏鹹，主料突出，以砂鍋菜見長，代表菜品有東江鹽焗雞、東江釀豆腐、爽口牛丸等，有獨特的鄉土風味。

「龍虎鬥」是粵菜名品的代表，相傳始於清朝同治年間。

據說，當時有個名叫江孔殷的廣東紹關人，曾在京為官，告老回鄉後經常研究烹飪並創製名菜。

一年，恰逢他七十大壽，為了給親友嘗鮮，他便試著用蛇肉和貓肉烹製菜餚。因為民間以蛇為龍、貓為虎，二者相遇必鬥，故命此菜名為「龍虎鬥」。親友們品嚐後都覺得不錯，唯鮮味不足，建議加入雞肉共煮。

江孔殷根據大家建議，又在此菜中加入雞肉以提鮮，果然滋味更佳，於是此菜便一舉成名。

後來，這道菜也曾改稱「豹狸燴三蛇」、「龍虎鳳大燴」、「菊花龍虎鳳」等，但人們仍習慣地稱之為「龍虎鬥」。

粵菜的粥品也十分豐富，其中有一道名小吃叫「及第粥」，又稱「三元及第粥」，是廣州粥品的代表。

及第粥的故事也發生於清朝，相傳廣東的林召棠中狀元後回鄉拜祖，每日都用豬肝、豬腰子和豬肚子煮粥而食。

一日，一位退居廣州的御史來探訪林召棠，正巧碰上他吃粥，林便招呼一起吃。

老御史見粥白如凝脂，鮮香無比，便問是何粥。林狀元知道老御史企盼兒子也能科場高中的心思，便回答是及第粥。老御史聞之歡喜，便與同食。

在清代科舉取士中，狀元、榜眼、探花為殿試頭三名，合稱三及第，林召棠便以粥中所用之豬肝、豬腰、豬肚三種內臟比作三及第。

吃過及第粥後，老御史回到家中也如法炮製，他的兒子吃後果真高中狀元。從此，及第粥便流傳開來。

至今，為討吉利的彩頭，學子考前吃及第粥的風俗在廣州地區依然十分盛行。

第四節　無湯不歡閩菜滋味

閩菜又稱福建菜，涵蓋了福建泉州、廈門、漳州和莆田地區的菜餚，也與臺灣、港澳地區以及東南亞的菜餚有著重要的關係。

閩菜最早起源於福建閩侯縣，歷史上中原漢民曾在西晉末年的「永嘉之亂」後進入閩地，這促進了中原文化和古越文化的交流融合。

晚唐五代，河南王審知兄弟入閩建立「閩國」，推動了閩地飲食文化的開發。宋元時期，福建作為海上之路的起點，對外交流的擴大使得閩菜得到進一步的發展。

明朝時鄭和七下西洋，更為閩菜引入了沙茶、芥末和咖哩等新鮮的元素。到了康乾盛世，由於江南經濟文化的迅速發展，閩菜的發展也達至全新的高度，形成了較為完善的閩菜體系。

閩菜文化充分融合了中原飲食文化的淵源，這從菜品的烹製中就能窺見一二。

根據唐代徐堅《初學記》的記載「瓜州紅麴，參糅相半，軟滑膏潤，入口流散」可知，紅麴這種閩菜常用的調味原料，便是唐代從中原傳入閩地的。此後，紅麴廣為閩菜所使用，紅色也因此成為閩菜烹飪美學中的主要色調，「紅麴烹調」更是成為閩

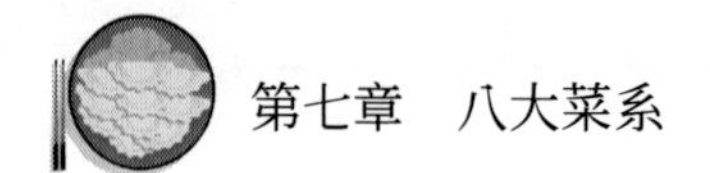

菜的一大特色，其中有紅糟魚、紅糟雞、紅糟肉等名品。

閩地位處亞熱帶，背山臨海，雨量充沛，四季如春，優越的地理氣候條件孕育了豐富多樣的食材原料。

在閩菜中，不僅魚、蝦、蚌、螺、蠔等海鮮佳品不絕，而且稻米、瓜果、蔬菜也種類繁多，其中瓜果更有龍眼、荔枝、柑橘、香蕉、鳳梨、橄欖等北方稀物。

同時，閩地盛產的山珍野味也聞名於世，香菇、竹筍、銀耳、茶葉等皆是閩菜中的配料佳品。

閩菜多以刀工巧妙、烹製精細、火候講究、尚味重湯而著稱。對於閩菜的刀工，當地素有「剞花如荔，切絲如發，片薄如紙」的美譽，精細的刀工使得菜品不僅造型美觀，而且滋味深厚。

閩菜的烹調技法多樣，有炸、炒、煮、燉、煎、燜、鹵、淋、蒸等，口味多偏於酸甜，作料變化奇特，皆對火候有不同要求。

重湯是閩菜的精髓所在，多湯的傳統在閩地由來已久，更有「無湯不行」之說，這與閩地豐富的海產資源有關。同時，因為湯菜是所有烹製手法中，最可保留食材本色的做法，重湯的傳統也展現了閩菜講求質鮮、味純、滋補的特色。

閩菜是由福州、閩南和閩西三路不同流派的地方風味組合而成的。

福州菜是閩菜的主流，除福州一地外，也在閩東、閩中、閩北等地盛行，其特點是清淡鮮嫩、偏於酸甜，擅用紅糟為作料，尤其講究調湯，有茸湯廣肚、肉米魚唇、雞絲燕窩等名品。

閩南菜留傳於廈門和晉江、尤溪地區，並東及臺灣，其口味除了鮮嫩、清淡外，還因講究作料、善用香辣而著稱，並常使用沙茶、芥末、橘汁以及中藥等調料。代表菜品有清蒸加力魚、炒沙茶牛肉、蔥燒蹄筋、當歸牛腩等。

閩西菜盛於客家地區，以烹製山珍野味見長，善用生薑等香辣佐料，相比其他兩派較為重油重鹽，有爆炒地猴、燒魚白、油燜石鱗、麒麟象肚等代表菜品。

「佛跳牆」是居於閩菜之首的傳統名菜，原名「福壽全」，早在宋人陳元靚的《事林廣記》中便有對它的記載。

據傳，此菜起源於清朝末年福州官銀局請布政使的筵宴，席間有一道菜，是將雞、鴨、羊肘、火腿等原料加工後，一同放入酒罈中煨製而成，味美異常。

布政使食後難忘，便帶家廚鄭春發前去求教。這位家廚悉心研究嘗試，將此菜與海參、魷魚等十八種水陸珍品原料搭配，並輔以陳酒、桂皮、茴香等作料，放入陶罐中煨製，最終做出了味美絕倫的佳餚。

後來，鄭春發開了一家聚春園菜館，人們紛紛慕名前來品嚐此菜，有秀才即席吟詩曰：「壇啟葷香飄四鄰，佛聞棄禪跳牆來。」眾人應聲叫絕，從此「佛跳牆」便成了此菜的正名，距今已有一百多年歷史。

閩菜中還有一道海珍名菜「西施舌」。「西施舌」又名「沙蛤」，它生長於淺海的泥沙中，是一種非蜆非蚌的貝殼類食物，呈厚實的三角扇形，開啟外殼就有一小截白肉吐出來，猶如一條小舌頭，故取「西施舌」之名，其肉質軟嫩，汆、炒、拌、燉皆可。

「西施舌」名稱的由來，傳說是在春秋戰國時期，西施助越王勾踐滅吳後，越國王後怕西施回國後自己失寵，便派人將西施騙出，將她綁上石頭，沉入海底。

西施死後，化為這種類似人舌的海蚌，在沿海的泥沙中，期待有人聽她盡訴冤情。

這雖然只是一個傳說，但是「西施舌」鮮美的味道確實令人難忘。一九三〇年代郁達夫在福建時，便稱讚長樂「西施舌」是閩菜中的一道「神品」。

第五節　濃油赤醬蘇菜之巔

蘇菜，由淮揚菜為主體，由淮揚、蘇錫、金陵、徐州幾大地方風味菜餚組成。

江蘇自古就是「魚米之鄉」。它東臨黃海、東海，北有洪澤湖，南臨太湖，長江橫穿中部，運河縱貫南北，氣候溫和，自然條件優越，稻穀豆食、水產海鮮、時令蔬果等烹飪原料十分豐富。

江蘇飲食文化歷史悠久，早在秦漢以前，長江下游地區的主要飲食就是「飯稻羹魚」。《楚辭．天問》中所載的雉羹，是見於典籍最早的江蘇菜餚。

隋唐兩宋以來，金陵、姑蘇、揚州等地經濟的繁榮促進了蘇菜系烹飪技藝的發展。到南宋時，蘇菜和浙菜已同為「南食」的兩大臺柱。

到了明清時期，江蘇內河交通的發達帶動了船宴的盛行，清代蘇菜的風味特色已經形成，影響也越來越大。據清人徐珂所輯《清稗類鈔》記載：「餚饌之各有特色者，如京師、山東、四川、廣東、福建、江寧、蘇州、鎮江、揚州、淮安。」在當時全國的十個烹飪名城之中，江蘇便占據了一半之多。

蘇菜的烹飪食材取料廣泛，多以水鮮為主，刀工技法精細，重視火候掌控，烹調手段多樣，尤擅燜、燉、蒸、炒、煨、焐等方法。菜餚擅用蕈、糟、醇酒、紅麴、蝦籽等調和五味，平和清鮮，濃而不膩，淡而不薄。

蘇菜的代表名品有清燉蟹粉獅子頭、扒燒整豬頭、拆燴鰱魚頭合稱的「鎮揚三頭」，叫化雞、西瓜童雞、早紅橘酪雞合稱的「蘇州三雞」和叉烤鴨、叉烤鱖魚、叉烤乳豬合稱的「金陵三叉」。

此外，不同的菜式還可以根據統一的特色搭配組合，而形成筵宴。如蘇菜中著名的「三筵」，其一為船宴，盛行於太湖、瘦西湖、秦淮河；其二為齋席，見於鎮江金山、焦山齋堂、蘇州靈巖齋堂、揚州大明寺齋堂等；其三為全席，如全魚席、全鴨席、鱔魚席、全蟹席等。

蘇菜按照自身風味體系又可分為淮揚風味、金陵風味、蘇錫風味和徐海風味四大流派。

淮揚風味以揚州、淮安為中心，餚饌多用燜燉之法，擅制江鮮和瓜果雕刻，口味鹹甜清淡。揚州在歷史上曾是中國南北交通樞紐和東南經濟文化的中心，明代萬曆年間的《揚州府志》記有：「揚州飲食華侈，制度精巧，市肆百品，誇視江表。」清代康熙年間的《揚州府志》中則云：「涉江以北，宴會珍錯之盛，揚州為最。民間或延貴客，陳設方丈，伎樂雜陳，珍錯百味，一筵費數金。」猶可知揚州飲食文化的發達程度。淮揚菜的代表菜品有鎮揚三頭、鎮江三鮮、淮安長魚席等。

金陵風味以南京為中心，菜餚口味醇正平和，尤擅烹製鴨饌。清人陳作霖著的《金陵瑣志》云：

「鴨非金陵所產也，率於邵伯、高郵間取之。麼鳧稚鶩千百成群，渡江而南，闌池塘以畜之。

約以十旬肥美可食。殺而去其毛，生鬻諸市，謂之『水晶鴨』;舉叉火炙，皮紅不焦，謂之『燒鴨』;塗醬於膚，煮使味透，謂之『醬鴨』；而皆不及『鹽水鴨』之為無上品也，淡而旨，肥而不濃；至冬則鹽漬，日久呼為『板鴨』，遠方人喜購之，以為饋獻。」

清代《調鼎集》一書中，「鴨」一節共錄有八十多種菜餚，其中煨鴨塊、套鴨、煨三鴨、八寶鴨、鴨羹、紅燉鴨、燻鴨、醬燒鴨、糟板鴨、掛鹵鴨等幾十種，均為南京風味。南京製鴨的名品有桂花鹽水鴨、金陵叉烤鴨、美人肝（鴨肝）等。

蘇錫風味以蘇州、無錫為中心。蘇錫菜原先注重濃油赤醬、甜出鹹收，後來口味也趨向鮮鹹清淡。蘇錫菜的代表名品有松鼠鱖魚、蓴菜汆塘魚片、清燴鱸魚片等。晉人張翰的「蓴鱸之思」，說的就是這裡的蓴羹、鱸魚和菰菜。

徐海風味是指徐州至連雲港一帶的地方風味菜餚，因連雲港古名「海州」，這一風味被稱為「徐海」。徐海菜以鮮鹹為主，五味兼蓄，風格純樸，別具一格。霸王別姬、沛公狗肉、彭城魚丸、羊肉藏魚、紅燒沙光魚等名菜為其代表。

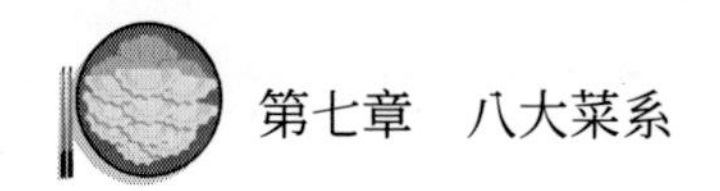

傳說春秋時期的名廚易牙曾在徐州落腳，並有詩曰：「雍巫（指易牙）善味祖彭鏗（指彭祖），三訪求師古彭城。九會諸侯任司庖，八盤五簋宴王公。」

後來明代的韓奕託易牙之名，將造、脯、蔬菜、籠造、爐造、糕餅、齋食、諸湯和諸藥八類內容編成一本食經，稱為《易牙遺意》，使這一時期的食療菜餚在徐州頗為盛行。

蘇菜中有一道名品叫「松鼠鱖魚」，是將鱖魚烹製成松鼠的形狀，並在上桌時澆上滾熱的滷汁，此菜隨即發出如松鼠般「吱吱」的叫聲，色香皆備，味形俱佳。

這道菜的來歷有一個傳說，相傳一次乾隆皇帝下揚州，在一家名叫「松鶴樓」的飯莊，提出要食用神臺上鮮活的鯉魚。因神臺擺放之物為敬神所用不可食之，而皇命又不可違背，廚師只得再想辦法，他看鯉魚的頭酷似松鼠，聯想到自家名號中的「松」字。於是，廚師便將鯉魚烹製成松鼠形狀，以避殺魚之罪，同時將菜餚調製得酸甜可口、外酥裡嫩，菜品呈上後深得乾隆喜愛，從此「松鼠魚」便流傳開來。

第六節　甜鮮脆軟俏味浙菜

浙菜富有小巧玲瓏的江南特色，尤其關注食材的主料本味，菜品則鮮美滑嫩、脆軟清爽、精細講究。

浙江飲食的起源可以追溯到幾千年前，《黃帝內經・素問・異法方宜論》曰：「東方之域，天地之所始生也，魚鹽之地，海濱傍水，其民食魚而嗜鹹，皆安其處，美其食。」

從河姆渡出土的文物來看，中國不僅是世界水稻的發源地，而且新石器時期已經有了蔬果和水產等食材的培育和養殖。

春秋戰國時期，中國的飲食體系已經有了「南食」與「北食」之別，浙江是「南食」的重要地域。司馬遷的《史記・貨殖列傳》中記載：「楚越之地，地廣人稀，飯稻羹魚。」南宋建都杭州後，杭州成為當時全國的飲食文化中心，浙菜也成為「南食」的代表。這一時期，不僅烹飪原料大大豐富，而且南北飲食廣泛交融，飯店食肆林立，可謂是浙江菜的繁榮時期。

明清之際，隨著江南經濟的發展，浙菜也發展到高峰，並出現了浙江文人研究美食的現象。如李漁的《閒情偶寄》、朱彝尊的《食憲鴻秘》、顧仲的《養小錄》和袁枚的《隨園食單》等。

浙菜主要由杭州、寧波、紹興、溫州四個地方的風味組成。其中杭州菜是浙菜的代表，以爆、炒、炸、燴等烹飪技法見長，口感清鮮爽脆。代表菜品有龍井蝦仁、西湖醋魚、宋嫂

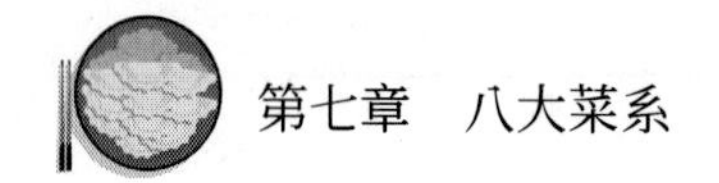

魚羹、生爆鱔片、八寶豆腐、荷葉粉蒸肉、東坡肉等。

寧波地處沿海，擅長蒸製、紅燒、燉製海鮮，口味鹹鮮合一，有雪菜大湯黃魚、冰糖甲魚、鍋燒鰻、寧波燒鵝等名品。

紹興菜極具水鄉風味，多以魚蝦河鮮、家禽豆類等為食材，並常用紹興酒烹製，菜品汁濃味重、綿軟酥香，以糟溜蝦仁、清湯越雞、紹式蝦球、乾菜燜肉、清蒸鱖魚、鑒湖魚味等為代表。

溫州地處浙南沿海，食俗自成一體，也擅製海鮮，烹調講究「二輕一重」，即輕油、輕芡、重刀工。菜中名品有三絲敲魚、爆墨魚花、蒜子魚皮、馬鈴黃魚等。

浙菜口味偏甜，其形成與發展與其他菜系有所不同。北方人南下浙江開食店後，便把北方的烹調方法帶到這裡，同時又取材當地，因此形成了「南料北烹」的特色。如汴京名菜「糖醋黃河鯉魚」到臨安後，便烹成了浙江名菜「西湖醋魚」。除此之外，浙菜還具有食材鮮活、選料精細、烹製獨到、崇尚本味等特色。

西湖醋魚是浙菜的傳統名品，其做法是把鮮活的草魚對開兩片，用水汆煮後撈出，然後將煮魚的水加上醬油、醋、白糖、紹酒和澱粉，攪拌成湯汁澆在魚身上。

這道菜的來歷，相傳出自「叔嫂傳珍」的故事。

南宋時西子湖畔住著宋氏兄弟，他們以捕魚為生。當地有一惡棍見宋嫂姿色動人，便殺害了大哥，又欲加害小叔。宋嫂勸小叔外逃，臨行時做了一道糖醋燒魚，取意「苦甜毋忘百姓辛酸之處」，以告小叔。

後來小叔得了功名，回到家鄉除暴安良，唯不見宋嫂下落。在一次偶然的宴會上，小叔又嘗到這一酸甜可口的燒魚，斷定出自嫂嫂之手，於是找到了隱名市井的嫂嫂。後來小叔辭官回家，重操打魚舊業。後人開始照宋嫂的做法烹製醋魚，「西湖醋魚」就流傳開來。

浙菜中的「宋嫂魚羹」也是南宋的一道名品。周密的《武林舊事．西湖遊幸》中有相關記載。

宋高宗趙構閒遊西湖，命內侍買湖中龜魚放生，此間有一位賣魚羹的婦人叫宋五嫂，自稱是東京人，在西湖邊以賣魚羹為生。高宗吃了她做的魚羹，大加讚賞，並念其年老，遂賜予金銀絹匹。

從此，宋五嫂的魚羹聲譽鵲起，「人所共趨」，成為當時的名餚。

後來，經歷代廚師不斷的研製提高，宋嫂魚羹滋味更勝，又有「賽蟹羹」之美稱，成為聞名遐邇的杭州傳統風味名菜。

第七節　辣中寓酸饞嘴湘菜

湘菜，以湖南菜為代表，是由湘江流域、洞庭湖區和湘西山區三種地方風味發展而成的地方菜系。

湖南地處長江中游，三面臨山，北有洞庭湖，氣候溫潤，土地肥沃，水源密布。司馬遷《史記》中描述它「地勢饒食，無饑饉之患」。這裡農牧副漁都很發達，物產十分豐饒，是名副其實的「魚米之鄉」。

當地著名的食材特產有武陵甲魚、祁陽筆魚、洞庭金龜、君山銀針、桃源雞、臨武鴨、武岡鵝、湘蓮以及湘西山區的筍、蕈和山珍野味等。

湘菜的歷史可以追溯到春秋戰國時期，屈原的《楚辭·招魂》，對當時楚地的飲食結構及菜餚品種有所記載：「食多方些，稻粢穱麥，挐黃粱些。大苦鹹酸，辛甘行些。肥牛之腱，臑若芳些。和酸若苦，陳吳羹些。胹鱉炮羔，有柘漿些。鵠酸臇鳧，煎鴻鶬些。露雞臛蠵，厲而不爽些。」

據史料記載，當時的穀物除稻米外，還有粱、豆、麥、黍、稷、粟等多種。

西漢時期，湘菜的烹飪已經達到一定水準，根據對馬王堆漢墓出土的烹食殘留物以及一套竹簡菜譜考證，當時楚人已經可以利用數十種動植物烹製菜餚，烹調方法已發展為羹、炙、煎、熬、蒸、濯、膾、脯、臘、炮、醢、苴等十多種，烹飪調料也有鹽、醬、豉、曲、糖、蜜、韭、梅、桂皮、花椒、茱萸等。

南宋以後，湘菜開始自成體系。明朝時期，湖南喜食辣味的人逐漸增多，辣味因此成為湘菜的特色。到了清代中晚期，曾國藩、左宗棠所率湘軍馳騁天下，湘菜的獨特風味也隨之引入東西南北，從而奠定了湘菜的歷史地位。

湘菜有用料廣泛、重油色濃、擅長調味的特點，其中辣味是湘菜的主要特色。《清稗類鈔》中曾記載：「湘鄂人之飲食，喜辛辣品，雖食前方丈，珍錯滿前，無椒芥不下箸也，湯則多有之。」

湖南自古稱「卑溼之地」，地理環境多雨潮溼，而辣椒有助於禦寒祛溼、振奮食慾，因此形成了湘人嗜辣的風俗。

相比四川、貴州、雲南等其他西南地區，湘菜之辣有所不同，其最大的特點是以辣為主、辣中寓酸，即成獨特的「酸辣」口味。而此中之「酸」又非醋，而是取自酸泡菜之酸，口感更為柔和醇厚。

與湖南的「酸辣」口味相區別，有食家將四川之辣總結為「麻辣」，貴州之辣為「香辣」，雲南之辣為「鮮辣」等。

在湘菜的三個地方風味中，以長沙、衡陽、湘潭為中心的湘江流域的菜品，是湘菜的主要代表。其菜品口感注重酸辣、香鮮、軟嫩，在製法上以煨、燉、臘、蒸、炒見長，代表菜品有組庵魚翅、海參盆蒸、臘味合蒸等。

煨法是現代湘菜烹飪的重要方法，依色澤變化可分為紅煨、白煨，依湯汁不同又有濃湯煨、清湯煨、奶湯煨等，均講究微火慢製、原汁原味。

洞庭湖區的食材以河鮮、禽畜為主，常用燉、燒、蒸、臘等烹製方法。菜餚芡大油厚，鹹辣香軟，有洞庭金龜、網油叉燒洞庭鱖魚、冰糖湘蓮等名品。

燉菜的一大特色是火鍋直接上桌，邊吃邊下料煮製，熱湯翻滾，香飄四溢。民間更有將蒸缽置於泥爐上燉煮的方法，俗稱「蒸缽爐子」，風味別具，當地民間有歌謠稱讚它為：「不願進朝當駙馬，只要蒸缽爐子咕咕嘎。」

湘西山區聚居了許多少數民族，他們擅製山珍野味、煙燻臘肉等，口味偏重鹹香酸辣，常以柴炭作為燃料，有著濃厚的山鄉風味。其代表菜餚有紅燒寒菌、板栗燒菜心、湘西酸肉、炒血鴨等。

湘菜中有八大名菜之稱，「東安子雞」就是其中一道代表菜餚，因產於湖南東安縣而得名。

傳說在唐玄宗開元年間，東安縣的三位老婦人開了一家小飯館。

一晚，來了幾位經商客官，當時店裡菜已賣完，於是老闆現捉了兩隻活雞，宰殺洗淨，切成小塊，加上蔥、薑、辣椒等佐料，經旺火熱油略炒，又加入鹽、酒、醋燜燒，最後澆上麻油出鍋。

此菜上桌後香味濃郁、汁芡紅亮、口感鮮嫩、酸辣兼備，客人吃後十分滿意，食後到處誇獎，使得這個小店聲名遠播，各路食客都慕名而來。

東安縣令風聞此事後也親臨品嚐，覺得名不虛傳，讚賞之餘為之取名為「東安子雞」，從此它就成為湘菜的一道傳統佳餚。

第八節　滋味醇厚徽菜餘味

徽菜，指徽州菜，是以皖南、沿江和沿淮三個地區的菜餚為代表的地方菜系。徽菜的形成與江南古徽州獨特的地理環境、風土人文、飲食習俗有著密切關係。

徽菜起源於黃山麓下的歙縣，即古徽州，後來由於新安江畔屯溪小鎮的商業、飲食業的興起發達，徽菜也隨之轉移到了屯溪，並得到進一步發展。

徽菜主要盛行於徽州地區和浙江西部，它經歷了秦漢南北朝的累積期和隋唐宋元的成長期，到明清已然成熟定型，特別是到了清末民初，徽菜風靡中國大江南北。

徽菜的食材種類多樣，皖南和大別山兩大山區盛產香菇、木耳、竹筍、茶葉，還有石雞、野兔、穿山甲、果子狸等山珍野味；長江、淮河、巢湖三大水源提供了豐富的魚、蝦、蟹、鱉、蓮、藕等水產資源；淮北平原、江淮地區的肥沃土壤也培育出各類糧油果品，這些都成為徽菜豐富的物質基礎。

徽菜的烹飪擅長燒、燜、燉、燻、蒸之法，而較少採用爆、炒，講究保持食材的原汁本味，具有重色、重油、重火工的特點。菜餚古樸典雅，滋味醇厚。

此外，用火腿佐味也是徽菜的一大傳統，並多輔以冰糖提鮮，在當地就有「金華火腿在東陽，東陽火腿在徽州」的說法。

徽菜的名品有火腿燉甲魚、紅燒果子狸、符離集燒雞、醃鮮鱖魚、火腿燉鞭筍、雪冬燒山雞、黃山燉鴿、毛峰燻鰣魚等。

徽菜尤以烹製山珍野味而著稱。據《徽州府志》記載，早在南宋時，皖南山區就因「沙地馬蹄鱉，雪天牛尾狸」的特產而聞名天下。

徽菜中的皖南菜包括了黃山、歙縣（古徽州）、屯溪等地的菜餚，講究火工，善烹野味，有名品臭鱖魚等。

沿江菜以蕪湖、安慶地區為代表，擅長烹調河鮮、家禽，口味鹹中帶辣，煙燻技術別具一格。

沿淮菜主要由蚌埠、宿縣、阜陽等地方風味構成，湯濃色重，多用芫荽、辣椒、生薑、大料等調味，極少用糖，以鹹、鮮、辣為主要味型。

在長期的發展過程中，徽菜的筵宴形成了獨特的菜品模式，包括宴席大菜、和菜、五簋八碟十大碗、大眾便菜和家常風味菜等。

其中宴席大菜是款待賓客較為正式的系列菜式，一般由一定數量的冷菜、熱菜、大菜（含湯菜）、精緻麵點和水果組成，工藝複雜，用餐講究，屬於較上等次的宴席。

此外，和菜是一種限定數量的組合菜式，多為三五好友聚餐採用，靈活方便，經濟實惠。五簋八碟十大碗是用於當地民間的紅白喜事和重大節日的傳統菜式。大眾便菜分為點菜、客菜、小耳朵菜三類，以便當、速食為代表，簡單快捷。家常風味菜則是民間日常生活中的自製菜餚，帶有濃郁的地方特色和鄉土風味。

在徽菜眾多的佳餚中，績溪嶺北的「一品鍋」是頗具傳奇色彩的一道名品。

相傳，一次乾隆皇帝出巡江南，由九華山來績溪上莊尋找曾祖母，行至一山塢時天色漸暗，便找了個農舍歇腳。

當時中秋剛過，農舍主人家中有些剩餘菜餚，這家農婦便將蘿蔔、乾角豆、紅燒肉、油豆腐包等先葷後素逐層鋪在鍋裡，一同煮熟後端上桌來。

乾隆吃得津津有味，便問是何菜，農婦隨答為「一鍋熟」。乾隆曰：「『一鍋熟』名稱不雅，此乃徽州名餚『一品鍋』也。」從此，「一品鍋」便名揚天下了。

安徽合肥還有一道名菜，叫「曹操雞」，其來歷據說與三國時期的曹操有關。

建安十三年，曹操統一北方後南下伐吳其名曰「曹操雞」。

行至廬州時，因日夜行進操練，過於勞累，頭疾復發臥床不起。隨軍廚師便用當地仔雞配以中藥烹製出一道藥膳，曹操連食數日，身體逐漸康復。

此後，曹操便常讓廚師烹製此雞食用，人們遂美其名曰「曹操雞」。

參考書目

1. 林乃燊著：《中國古代飲食文化》。
2. 陳詔著：《中國饌食文化》。
3. 王明德、王子輝著：《中國古代飲食》。
4. 王仁湘著：《民以食為先 —— 中國飲食文化》。
5. 由國慶編著：《追憶甜蜜時光：中國糕點話舊》。
6. 趙榮光著：《中國飲食文化史》。
7. 王學泰著：《中國飲食文化史》。
8. 王仁湘著：《往古的滋味：中國飲食的歷史與文化》。
9. 胡自山等編著：《中國飲食文化》。
10. 邱龐同著：《飲食雜俎：中國飲食烹飪研究》。
11. 孟勇主編：《中國傳統節日飲食習俗》。
12. 席坤著：《中國飲食》。

電子書購買

爽讀 APP

國家圖書館出版品預行編目資料

糧心記，食文化的歷史與現代對話：鐘鳴鼎食 × 酒樓食肆 × 異域風味 × 皇家御宴，從筷頭春秋到八大菜系，品味千年飲食精華 / 過常寶 主編，周海鷗 著 . -- 第一版 . -- 臺北市 : 清文華泉事業有限公司 , 2024.05
面； 公分
POD 版
ISBN 978-626-7165-24-9(平裝)
1.CST: 飲食風俗 2.CST: 中國文化
538.782 113004815

糧心記，食文化的歷史與現代對話：鐘鳴鼎食 × 酒樓食肆 × 異域風味 × 皇家御宴，從筷頭春秋到八大菜系，品味千年飲食精華

臉書

主　　編：過常寶
作　　者：周海鷗
發 行 人：黃振庭
出 版 者：清文華泉事業有限公司
發 行 者：清文華泉事業有限公司

E-mail：sonbookservice@gmail.com
粉 絲 頁：https://www.facebook.com/sonbookss/
網　　址：https://sonbook.net/
地　　址：台北市中正區重慶南路一段六十一號八樓 815 室
Rm. 815, 8F., No.61, Sec. 1, Chongqing S. Rd., Zhongzheng Dist., Taipei City 100, Taiwan
電　　話：(02) 2370-3310　　傳　　真：(02) 2388-1990

印　　刷：京峯數位服務有限公司
律師顧問：廣華律師事務所 張珮琦律師

定　　價：320 元
發行日期：2024 年 05 月第一版
◎本書以 POD 印製
Design Assets from Freepik.com